Ute Liesenfeld

Glücksorte in Berlin

Fahr hin und werd glücklich

Droste Verlag

Für ihre Anregungen und Tipps danke ich

meinen Töchtern Nina und Hanna,
meinen Neffen Vincent und Stephane,
meinen Freunden Anselm und Sofia.
Ihr seid ein Glück für mich und dieses Buch.

Dieses Buch gehört

....

....

....

Vorwort

Berlin – die große Freiheit

Im Grunde ist ganz Berlin ein Glücksort. Niemand kann sich der Atmosphäre dieser Stadt entziehen, die aus ihrer besonderen Geschichte erwachsen ist. Hier, wo die Mauer für Trennung und Unfreiheit stand, fühlen sich viele Menschen freier als anderswo. Vielen jungen Menschen gilt Berlin als Hauptstadt Europas, denn die kantige Metropole ist unprätentiös, tolerant und weltoffen. Keine Stadt mit jahrhundertealter Tradition, keine klassische Schönheit, keine Finanzmetropole. Eine Stadt voller Widersprüche und Narben, aber gerade sie machen Berlin einzigartig. Berlin, das sind viele Dörfer und Städte in einer Stadt, das ist ein großes Puzzle unterschiedlicher Teile. An manchen Stellen spannt es, aber aus Spannung entsteht Energie und Bewegung. Berlin hat „Drive".

Es ist ein Leichtes, hier Glücksorte zu finden, und schwer, eine Auswahl zu treffen. Glück ist ja immer subjektiv. Für den einen ist ein Besuch in der Staatsoper Unter den Linden das höchste Glück, für den anderen eine Nacht im „Berghain", Berlins legendärem Nachtclub. Und manchmal erlebt man das Glücksgefühl dort, wo man es am wenigsten erwartet: an einer verlassenen Radarstation oder auf dem Gipfel eines grünen Hügels mitten in Kreuzberg. Glück entsteht immer im Augenblick. Oft sind es Menschen, die aus einem Ort einen Glücksort machen, sie sind meist wichtiger als alles andere. Auch die erfrischend direkten Alt-Berliner tragen zum ehrlichen Charme der Hauptstadt bei.

Berlin, das ist eine prickelnde Mischung von Menschen verschiedener Kulturen, die oft nur eines gemeinsam haben: Sie lieben diese Stadt. Dieses kleine Buch ist kein Reiseführer, eher eine Art „Auswahl-Menü". Man liest es, um sich zu inspirieren. Glücksorte sucht man nicht, man findet sie. Unverhofft und unerwartet. Und seine persönlichen Lieblingsorte entdeckt jeder selbst. Wer sich die Zeit nimmt, dieses Buch zu lesen, der wird ganz sicher sagen: „Berlin, ick liebe dir!"

Ihre Ute Liesenfeld

Inhaltsverzeichnis

4

Inhaltsverzeichnis

Multikulti in der Mädchenschule

 Mogg Deli/Pauly Saal/CWC Gallery/Kennedy Museum

Hinter dem Tresen des „Mogg Deli" arbeiten zwei Mexikaner, ein Texaner und ein Neuseeländer, davor sitzen Gäste aus der ganzen Welt. In der ehemaligen Jüdischen Mädchenschule in Berlin-Mitte treffen sich alle Weltreligionen und Wissenschaften. Auch die Brasilianerin Barbara kellnert hier zweimal pro Woche, um ihr Studium zu finanzieren. Sie ist fertige Biologin und absolviert ihren Master in Umweltplanung an der Berliner TU. „Berlin ist wie eine Achterbahn, hoch und runter", sagt sie strahlend und krempelt den Ärmel hoch, um ihr Tattoo zu zeigen. „Glück" steht auf dem Arm in schwungvollen Buchstaben. Seit sechs Jahren ist sie in Berlin. Sie mag die Stadt und die Menschen, besonders ihre Kollegen – ihre Familie in Berlin. „Wir sind alle allein hier, darum halten wir zusammen und helfen uns gegenseitig." Berlin ist ein Magnet für junge Menschen, besonders für die (Noch-)Nicht-Arrivierten und Nicht-Krawattenträger, eine Stadt im Aufbruch, auch mehr als ein Vierteljahrhundert nach dem Mauerfall. Kreativ, ungezwungen und an manchen Stellen ein bisschen schäbig. Wen kümmert es? Hier kann jeder so sein und aussehen, wie er möchte, sei er Politiker, Punk oder Pelzträger. Das zieht an.

Spannenden Kontrasten begegnet man auch in der Mädchenschule: Im „Mogg Deli" wird New Yorker Edel-Fast-Food wie Pastrami-Sandwich und NY Cheesecake aufgetischt, im „Pauly Saal" an weißgedeckten Tischen unter hohen Decken gespeist. Die Restaurants und Räume könnten unterschiedlicher nicht sein, doch beide haben ihren eigenen Reiz und bestechenden Retro-Charme. Wie das ganze Schulgebäude! Nach dem Essen sollte man einen Rundgang in den höheren Etagen einplanen. Im ersten Obergeschoss residiert die renommierte Fotogalerie „CWC Gallery", im zweiten die Dauerausstellung „The Kennedys", die sich der berühmtesten Familie der USA widmet. Seit John F. Kennedy den Berlinern am 26. Juni 1963 seine Solidarität versicherte („Ich bin ein Berliner"), gilt er hier vielen als Idol.

⊙ Ehemalige Jüdische Mädchenschule, Augustraße 11–13, 10117 Berlin-Mitte
www.maedchenschule.org
⊙ ÖPNV: S1, S2, S25, Tram M1, M5, Haltestelle S Oranienburger Straße

Spitze für Sundowner

2 Der Berg von Kreuzberg

Auch als Nichtberliner kennt man den Stadtteil Kreuzberg, selbst wenn man noch nie da gewesen ist. Den Berg Kreuzberg aber kennen die wenigsten, wenn sie nicht im Stadtviertel oder seiner näheren Umgebung wohnen. Bei den Kreuzbergern ist der kleine, nur 66 Meter hohe Hügel dafür äußerst beliebt, denn von seiner Spitze hat man eine herrliche Aussicht über die Stadt. Es ist wirklich ein Phänomen. Im Vorüberfahren nimmt man den niedrigen Berg kaum wahr, erst wenn man den gewundenen Waldweg hinaufsteigt, spürt man die Höhe. Auf dem Plateau ganz oben steht das Nationaldenkmal für die Befreiungskriege von Karl Friedrich Schinkel, das Friedrich Wilhelm III. zur Erinnerung an die preußischen Siege über die napoleonischen Truppen errichten ließ. 1821 wurde es eingeweiht und der Kreuzberg, der vorher Sandberg, Runder Weinberg und Tempelhofer Berg hieß, erhielt den heutigen Namen, nach dem später das ganze Stadtviertel benannt wurde. Ende des 19. Jahrhunderts wurde um den Berg der Viktoriapark angelegt; seitdem rauscht ein Wasserfall über ein malerisches Felsbett von der Kuppe des Kreuzbergs hinab, so schnurgerade, dass man von der Kreuzbergstraße bis zum Denkmal blicken kann. Das grüne gusseiserne Monument mit dem Eisernen Kreuz auf der Spitze erinnert ein bisschen an die abgebrochene Turmspitze einer gotischen Kathedrale. Von einer Kirche ist nichts zu sehen, aber ganz unten, in der Tiefe des Bergs, versteckt sich ein riesiges Gewölbe wie eine Krypta. Es beherbergt Relikte der preußisch-berlinischen Stadtgeschichte – und eine große Fledermauskolonie.

TIPP 15 Minuten Fußweg entfernt: der „Park am Gleisdreieck", entspannt, urban und bürgernah

Die Spaziergänger zieht es natürlich nach oben, ans Licht. Auf der Sonnenwiese am westlichen Hang, den Stufen am Fuß des Monuments und den breiten Treppen, die auf den hohen Sockel hinaufführen, erleben Einheimische und Eingeweihte den Sonnenuntergang. Irgendjemand spielt immer Gitarre oder trommelt auf den Klangschalen eines „Hang" eine sphärische Meditationsmusik, während die Sonne im Dunst der Stadt versinkt.

● Kreuzberg, natürliche Erhebung im Ortsteil Kreuzberg
● ÖPNV: Bus 140, Haltestelle Kreuzberg/Wasserfall

Vorfahrt für Freidenker

3 *Hamburger Bahnhof – Museum für Gegenwart*

Alte Bahnhofsgebäude sind prädestiniert für eine zweite Karriere als Museum. Die stattlichen Fassaden flaggen den Anspruch und die weiten, hohen Hallen eignen sich vorzüglich für die Präsentation von Kunst. Das „Musée d'Orsay" lockt Millionen an die Seine, das „Arp Museum Bahnhof Rolandseck" sorgt im Rheinland für Furore. Auch der „Hamburger Bahnhof", in dem sich das Berliner „Museum für Gegenwart" befindet, ist eine spannende Zielstation, denn er ist in vielerlei Hinsicht bemerkenswert. Von allen Berliner Bahnhöfen der ersten Generation überlebte er als einziger den Zweiten Weltkrieg, vermutlich, weil das 1847 eröffnete klassizistische Gebäude bereits seit Anfang des 20. Jahrhunderts als Museum genutzt wurde. Vom Gewimmel eines Bahnhofs ist hier wenig zu spüren, denn die Kunst der Gegenwart zieht nicht die Massen an. Dafür tickt im „Hamburger Bahnhof" der Zeitgeist. Man begegnet prominenten Namen wie Andy Warhol, Joseph Beuys oder Thomas Schütte, aber auch unbekannten Nachwuchskünstlern und deren raumgreifenden Installationen. Intermediale Inszenierungen mit groß-

TIPP Museumspass Berlin 3-Tage-Karte für 30 Museen.

formatigen „Objekt-Kollagen" und Videoprojektionen. Plakativ, experimentell und häufig irritierend. Es braucht viel Offenheit und Neugierde, um dieser neuen, provozierenden und immer polarisierenden Kunst vorurteilsfrei zu begegnen. Man muss sie nicht mögen und man muss sie auch nicht verstehen. Man darf sie einfach auf sich wirken lassen. Das Ergebnis ist erfrischend. „Kunst wischt den Staub des Alltags von der Seele", hat schon Picasso gesagt – auch einer, der seine Zeitgenossen mit seinen Sichtweisen brüskierte. In gewissem Sinn ist der Besuch des „Hamburger Bahnhofs" auch immer ein Experiment mit uns selbst, und ein Aufbruch zu neuen Horizonten. Eigentlich ganz passend zum ursprünglichen Zweck des Gebäudes. Nach dem Rundgang kann man im vertrauten klassischen Ambiente des eleganten Museumsrestaurants von TV-Köchin Sarah Wiener Kuchen aus der hauseigenen Konditorei und österreichisch inspirierte Speisen kosten.

▶ **Hamburger Bahnhof – Museum für Gegenwart, Invalidenstraße 50–51, 10557 Berlin-Moabit, Tel. (0 30) 3 97 83 41, www.smb.museum/museen-und-einrichtungen/hamburger-bahnhof**
▶ **ÖPNV: U55, S3, S5, S7, S9, Haltestelle S+U Hauptbahnhof, Tram M5, M8, M10, Bus 120, 142, 147, 245, N20, N40, TXL, Haltestelle Invalidenpark**

Salat mit Zukunft

 4 *Die Salat-Bar Good Bank*

Der schmale längliche Raum erinnert ein bisschen an ein Versuchslabor für Pflanzenzucht, so clean, cool und spacig ist seine Ausstrahlung. Wahrscheinlich liegt es an den wandhohen Schränken, in denen hinter transparenten Glastüren zahllose grüne Salatköpfe schlummern, einer neben dem anderen, von stromsparenden LED-Leuchten in helles rosafarbenes Licht getaucht. In der weißen Theke davor liegen klassische Salatzutaten in kleinen Schalen: Tomaten, Zwiebeln, Bergkäse, Avocado, Sonnenblumenkerne und mehr. Aus der Küche kann man weitere Extras ordern. „Good Bank" ist ein innovatives Salat-Restaurant. Man kann einen Salat aus der Karte wählen oder seine persönliche Mischung an der Theke zusammenstellen lassen. Das ist an sich noch nichts Ungewöhnliches, eine Salatbar mit Service. Wie beim Eismann, nur viel gesünder. Besonders ist nicht die Mischung, sondern das Konzept: Die Salatköpfe werden vor Ort gezogen, im Gewächsschrank, einer Art Brutkasten für Salate. Natürlich ohne Pestizide oder gentechnisch verändertes Saatgut. Alles 100 Prozent natürlich. Man isst auf Barhockern an einem langen

TIPP *Nur 100 Meter entfernt erinnert die „Annoncier-Säule" in der Münzstraße an ihren Erfinder Ernst Litfaß.*

Tisch vor der vollverspiegelten Wand und sieht sich beim Essen und den Salatköpfen beim Wachsen zu. Die Blätter und Zutaten sind frisch und knackig und das Dressing perfekt.

„Das erste originale vertical-farm-to-table-restaurant weltweit" („Good Bank" über sich selbst) arbeitet mit der Firma „Infarm" zusammen, die das „Vertical Farming" perfektioniert hat und die Gewächsschränke vertreibt. Das Versprechen: mehr Geschmack und mehr Nährstoffe durch Anbau vor Ort, mit weniger Verpackungsmüll, Transport- und Kühlaufwand. Das futuristische Konzept von „Good Bank" wurde bereits mit dem „Gastro-Gründerpreis 2017" ausgezeichnet. Typisch Berlin, denkt man. Vor allem für die explodierenden Megastädte der Schwellenländer könnte das Konzept perfekt sein; dort sprießen jetzt die Hochhäuser statt der Gemüsebeete. Spannend ist es auf jeden Fall. Und Vitamine braucht der Mensch.

Good Bank, Rosa-Luxemburg-Straße 5, 10178 Berlin-Mitte, Tel. (0 30) 33 02 14 10
www.good-bank.de
ÖPNV: Tram M2, M4, M5, Bus N5, N65, Haltestelle Memhardstraße,
U8, Haltestelle U Weinmeisterstraße

 14

Herzbube mit Hut

5 *Geliebt und beachtet: das Ampelmännchen*

In den Hackeschen Höfen gibt es immer etwas zu entdecken. Zum Beispiel den Ampelmann-Shop im Hof 5. Eigentlich ist er nicht zu übersehen; schon im Torbogen am Hofeingang leuchtet ein kleines grünes Männchen und weist den Weg. Man freut sich, ihn zu sehen: den Ampelmann, denn der kleine ostdeutsche Verkehrslotse ist wesentlich sympathischer als sein westdeutsches Pendant. Kein seelenloses Retortenwesen, sondern ein rundlicher kleiner Mann mit kindlich großem Kopf, Knollennase und Hut, der bei Grün energiegeladen losmarschiert und bei Rot wie ein Schutzmann die Arme ausbreitet, damit ja alle stehenbleiben.

Sein Erfinder, Karl Peglau, war nicht nur gelernter Zeichner und Maschinenschlosser, er hatte außerdem Psychologie studiert und tüftelte im Dienst der DDR an Symbolen, die die Verkehrssicherheit erhöhen können. 1961 legte er Entwürfe für Fußgängerampeln vor; es war die Geburt des Ampelmännchens. Verkehrsampeln gab es zu diesem Zeitpunkt natürlich schon viele. In den 20er-Jahren war Berlin die drittgrößte Stadt der Welt (nach New York und London) und der Verkehr auch von trompetenden Polizisten kaum noch zu regulieren. 1924 ging daher am Potsdamer Platz die erste Ampelanlage in Betrieb, ein Turm in der Mitte der Kreuzung, auf dem die Signale per Hand gesteuert wurden.

TIPP Am Potsdamer Platz steht heute ein Nachbau des historischen Lichtsignalturms.

Nach der Wende sollten die ostdeutschen Ampeln zunächst abmontiert und gegen das westdeutsche Modell ausgetauscht werden. Das Ampelmännchen wäre verschwunden. Zum Glück gab es Protest, angeführt von Markus Heckhausen. Als Produktdesigner hatte er die Kraft des charaktervollen Ampelmännchens sofort erkannt. Er rettete einige ausrangierte Exemplare und fertigte originelle Lampen daraus. Jetzt wurde die Presse aufmerksam und Widerstand formierte sich. Mit Erfolg. Heute ist das Ampelmännchen eine Kultfigur, die selbst in Asien treue Fans hat. Es schmückt T-Shirts, Taschen, Schreibwaren und Co, erhältlich in mehreren Filialen in Berlin und Tokyo. Und im eigenen Onlineshop.

Ampelmann Shop, Rosenthaler Straße 40–41, Hackesche Höfe, Hof 5, 10178 Berlin-Mitte, Tel. (0 30) 44 72 64 38
www.ampelmann.de und www.ampelmannshop.com
ÖPNV: S3, S5, S7, S75, Tram M1, M4, M5, M6, Haltestelle S Hackescher Markt

Vietnamesische Teestunde

6 *Restaurant und Teehaus Chén Chè*

Einen Tee perfekt zuzubereiten ist in den Augen des passionierten Teetrinkers eine Wissenschaft für sich. Es braucht eine bestimmte Teekanne, in der nie etwas anderes zubereitet wird, frische Teeblätter und gutes Wasser, bei Grüntee 50 und 55 Grad Celsius heiß. Doch nicht nur die Zutaten, auch die Form der Zubereitung und der Rhythmus des Aufgießens bestimmen die Teequalität.

Im „Chén Chè" sind es die Speisen und die Tischkultur, die die Teestunde besonders machen. Ein Kännchen grüner Bio-Sencha-Tee serviert auf traditionellem Holztablett, dazu gedämpfte Wantan-Teigtaschen im geflochtenen Bambuskörbchen, schwarzer Klebreis mit süßer Mango, Kokosmilch und Sesam und drei kleine Kuchen, zum Beispiel Zwergbanane mit Schoko-Erdnusscreme. Definitiv ein exotisches Geschmackserlebnis und ein krasser Kontrast zu Käse- und Streuselkuchen. Aber sind es nicht die neuen Sinneseindrücke, die den Reiz des Unbekannten ausmachen?! Für die Vorsichtigeren gibt es Frühlingsrollen. Das „Chén Chè" ist nicht nur Teehaus, sondern ein vollwertiges Restaurant.

TIPP

Touristisch, aber traumschön: Tadshikische Teestube im KunstHof, Oranienburger Straße 27.

Es verbirgt sich im Hinterhof und wer es nicht kennt, läuft schnell vorbei, ohne es zu bemerken. Nachts leuchten Lampions zwischen hohen Bambusstangen und locken Passanten in den asiatischen „Vorgarten" hinter dem dunklen Torbogen. Der Innenraum wird von riesigen vietnamesischen Laternen beherrscht, mehr Blickfang als Lichtspender. Tagsüber sorgen die großen Fenster für Helligkeit. Dunkle Holztische und -bänke geben dem Raum Wärme, bunte Seidenkissen Farbe und Fröhlichkeit. Am Nachbartisch sitzt eine plaudernde Mädchenrunde vor dampfenden Tellern. Mitten am Nachmittag. Man isst, wenn man Lust hat. Das Wichtigste ist ohnehin nicht das Essen, sondern der freundschaftliche Austausch in dieser authentisch vietnamesischen und gleichzeitig typisch berlinerischen Atmosphäre. Die Welt ist ein Dorf und Berlin das Zentrum, zumindest für die jungen und junggebliebenen Weltbürger, die sich im „Chén Chè" zum Tee treffen.

Chén Chè, Rosenthaler Straße 13, 10119 Berlin-Mitte, Tel. (0 30) 28 88 42 82
www.chenche-berlin.de
ÖPNV: U8, Tram M1, M8, Bus 142, Haltestelle U Rosenthaler Platz

Die wundersame Schokowelt

 7 *Lehrstunden in der Schoko-Fabrik*

Herkules ist Wonka. Er hat sich das Originalkostüm aus Amerika kommen lassen und schlüpft mit Begeisterung in die Rolle von Johnny Depp aus „Charlie und die Schokoladenfabrik", ein geborener Entertainer. Seine Mission: Kinder und Erwachsene glücklich zu machen. Zugleich ist jedes Fest eine Lehrstunde über die Herstellung von Schokolade, unabhängig vom Alter der Gäste. Die meisten halten hier zum ersten Mal staunend eine Kakaoschote in der Hand. Nachmittags wird in der Schoko-Fabrik Kindergeburtstag gefeiert, oft mehrere auf einmal, abends finden Workshops, Team-Events, Vereinsfeiern und private Partys statt. Beim Junggesellinnen-Abschied werden gerne hochhackige Pumps aus Schokolade gegossen. Im Grunde ist hier alles selbstgemacht, von den Regalen, zusammengebaut mit nostalgischen Eisenteilen alter Singer-Nähmaschinen, bis zu den Schokoladenförmchen. In den viertelstündigen Pausen, während die flüssige Schokolade in den Förmchen erkaltet, gibt es Crêpes, Hängematten und (für die Kleinen) Kinderdisco in einer umgebauten Telefonzelle. Selbst die Toilette ist ein Erlebnis; mehr wird nicht verraten! Kein Wunder,

TIPP Eine weitere „Schoko-Fabrik" gibt's in der „Mall of Berlin" und eine dritte im „Europa-Center".

dass die Schoko-Fabrik ein ultimativer Glücksort für alle Naschkatzen ist. Herkules Kemerti, Gründer und Eigentümer von vier Schoko-Fabriken, drei in Berlin und einer in Moskau, hat starke Nerven und viel Vergnügen an seinen ausgelassenen Gästen. Die Geschäftsidee verdankt er seinen Kindern bzw. dem Tohuwabohu ihrer ersten Geburtstagsparty in den eigenen vier Wänden. Feiern ja, aber nie mehr zu Hause, entschied Herkules damals und überlegte sich eine Alternative: seine eigene Schoko-Wunderwelt.

Wer nur auf eine heiße Schokolade mit frisch gebackenen Waffeln hereinschaut, nimmt an den Tischchen hinter der Eingangstür Platz. Die Fröhlichkeit in der Tiefe des Raums dringt in alle Ecken und ganz sicher verlässt man den Ort mit einem Lächeln – wenn nicht mit dem eigenen Schokoladen-Souvenir, bunt bemalt mit Lebensmittelfarbe und auf der Rückseite mit Kakaopulver bestäubt.

Schoko-Fabrik, Krausnickstraße 23, 10115 Berlin-Mitte, Tel. (01 63) 6 37 74 86
www.schoko-fabrik.com
ÖPNV: S1, S2, S25, Tram M1, M5, Haltestelle S Oranienburger Straße

Der Sinn des Lebens

8 *Im Szene-Restaurant Katz Orange*

Es war vorbestimmt, dass dieses Restaurant eröffnen sollte. Nicht Garfield, sondern eine lebendige streunende Katze gab den Impuls. Auf einer spirituellen Reise durch Südamerika kam Ludwig Cramer-Klett die Erleuchtung: Er wollte (sollte) einen Ort erschaffen, an dem sich Menschen begegnen können, einen Ort der Harmonie und des Austauschs. Er wollte die Erfahrungen teilen, die er in langen meditativen Wochen gewonnen hatte: ganzheitlich leben, Grenzen sprengen und das Wesentliche erkennen – das Glück der kleinen Dinge. Das „Katz Orange" ist der richtige Ort dafür, ein Platz, an dem man sich sofort wohlfühlt. Das liegt an der Wohnzimmeratmosphäre und Behaglichkeit, die die Bücherregale, Kissen und Lampen verströmen. Nichts von dem Minimalismus und kühlen Schick, den viele moderne Restaurants ausstrahlen, weder Purismus noch Plüsch, dafür eine warme, authentische, fast private Atmosphäre. Ludwig Cramer-Klett hat Stil, Geschmack und eine eigene Handschrift, und das haben auch die Designer und Künstler, die das Interieur mit ihm und für ihn gestaltet haben. Hier verbinden sich bürgerliche Behaglichkeit, lässige Boheme und zeitgenössische Kunst; die Sammlerstücke des weitgereisten Hausherrn setzen persönliche Akzente, vom Hirschgeweih bis zur Kinderzeichnung. Die Spiritualität wurde ihm schon in die Wiege gelegt: Seine Großmutter war eine von Schamanen erzogene Pawnee-Indianerin.

Der Respekt vor der Natur zeigt sich natürlich auch in der Küche und dem sorgfältigen und nachhaltigen Umgang mit allen Produkten: Fleisch, Fisch und Gemüse sollen restlos verwertet werden. Man legt Wert auf ökologisch erzeugte Produkte mit Qualitäts- und Herkunftsnachweis. „Spare Ribs vom Mecklenburger Freilandschwein" steht auf der Speisekarte, aber auch „Schottischer Lachs vom Loch Duart". Unbedingt probieren sollte man die in Biogänseschmalz ausgebackenen frischgeschnittenen Pommes Frites, die von einem Herrn mit Zylinder serviert werden. Schon der Anblick macht glücklich!

∙∙∙

Katz Orange, Bergstraße 22, 10115 Berlin-Mitte, Tel. (0 30) 9 83 20 84 30
www.katzorange.com
ÖPNV: Tram 12, M8, Bus N40, Haltestelle Pappelplatz, U8, Haltestelle U Rosenthaler Platz

Parodie und pralles Leben

9 *Das Prime Time Theater in Wedding*

Hier wird alles persifliert: Gastgeber, Gäste und Gesellschaft, von der Gender-Correctness, „Liebe Gäste und Gästinnen", bis zum Vegan-Wahn: „Wenn bei den Prenzlbergern der Tofuspiegel sinkt, dürfen sie gehen. Aber bitte hinten." Schon im Namen Prime Time Theater steckt Satire. Statt „GZSZ" läuft die Sitcom „GWSW Gutes Wedding, schlechtes Wedding". Weit über 100 Folgen sind es bereits, live auf der Bühne, mehrmals pro Woche. Theaterleiter Oliver Tautorat kassiert persönlich, mit Vokuhila-Perücke – vorne kurz, hinten lang –, wenn er nicht gerade mit Stammgästen auf dem Bürgersteig ein Bierchen zischt. „Wer Tickets braucht, zu mir!", ruft er in die Runde und schickt zwei Neuankömmlinge nach drinnen. „Schon mal Plätze belegen." Die Stühle sind nicht nummeriert. Vorne Samtsessel, hinten gepolsterte Holzklappsitze. Auch der nächste Gast wird mit Handschlag und einem flotten Spruch begrüßt: „Sie kommen bestimmt aus Charlottenburg. Erst die Stühle reservieren, dann bezahlen!" Und mit Blick auf die Jugendlichen im Schlepptau: „Die drei Erben hinterher!"

Etwas Selbstironie muss man mitbringen, wenn man sich hier amüsieren will, denn vor Oliver Tautorats Berliner Schnauze ist nichts und niemand sicher. Schon sein Vorprogramm bringt den Saal zum Jubeln. Über die Hälfte sind Dauergäste. Zum Warmwerden wird der Dativ geübt. Oliver Tautorat skandiert: „Ick freue…", Pause, „…mir", johlt der Saal. Neugierig fragt er ins Publikum: „Wer kommt aus Neukölln? Wer aus Steglitz? Wer aus Bonn?" Schokoriegel fliegen durch den Saal; die lange Anfahrt muss belohnt werden. Jetzt beginnt das Stück, mit kurzer Einführung: Was bisher geschah. Eine schrille Comedy mit sketchartigen Szenen, skurrilen Protagonisten, schrägem Humor und vielen Seitenhieben auf die Auswüchse des Zeitgeistes. Für den Erstbesucher ist die deftige Berliner Gaudi etwas gewöhnungsbedürftig, aber das wird noch! Alle fünf Wochen gibt's ja eine neue Folge. Die Weddinger jedenfalls denken: „Prime Time Theater, ick liebe Dir."

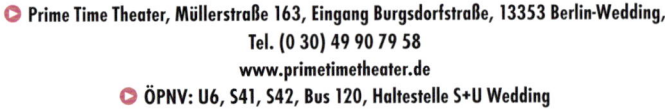

● Prime Time Theater, Müllerstraße 163, Eingang Burgsdorfstraße, 13353 Berlin-Wedding,
Tel. (0 30) 49 90 79 58
www.primetimetheater.de
● ÖPNV: U6, S41, S42, Bus 120, Haltestelle S+U Wedding

Im Dschungel

Schaugewächshäuser im Botanischen Garten

An sonnigen Tagen liegen die Gewächshäuser wie funkelnde Diamanten im Garten der Freien Universität Berlin. Wenn es regnet, verstärkt das Rauschen des Wassers die Urwaldstimmung im Großen Tropenhaus und das Gefühl der Geborgenheit unter der hohen Glaskuppel. Der prachtvolle Jugendstilbau ist stets erfüllt von dichter, feuchter Wärme. Man sieht den Urwald nicht nur, sondern spürt ihn mit Haut und Lunge. Staunend wandert man zwischen gigantischen Bambusstauden, Riesenfarnen und Lianen umher und wünscht sich einen Botaniker zur Seite, um mehr zu erfahren über diese geheimnisvolle, sattgrüne Welt der seltenen und vom Aussterben bedrohten Pflanzen. Der über hundert Jahre alte Garten gehört zu den größten und artenreichsten der Welt. Ein Spaziergang durch die Gewächshäuser führt durch unterschiedliche Klimazonen und immer neue Pflanzenwelten: subtropische Karibik, regenreiches Ostasien, trockenes Afrika, Australien und Mittelmeer. Von Palmen zu Reispflanzen, Baumwollsträuchern und Orchideen – ein kleiner Ausschnitt aus der botanischen Vielfalt unserer Erde. Im Nutzpflanzenhaus begegnet man vertrauten Früchten und interessanten Ursprüngen. Man entdeckt die pflanzliche Herkunft der Antibabypille und den Kaugummibaum, aus dessen Rinde der weiße Saft für die „Chiclets" tropft. Beide – Pille und Kaugummi – werden heute synthetisch hergestellt. Chilisträucher, Ananasstauden, Zuckerrohr und Kakaobaum begeistern auch „Stadtpflanzen", denn die begleitenden Schautafeln sind unerwartet spannend.

TIPP „Gärten der Welt" in Berlin-Marzahn, entstanden im Rahmen der IGA 2017.

Ab April locken die Blütenfülle des Mittelmeerhauses und die prachtvollen Außenanlagen. Doch für manche Berliner ist der Winter die schönste Zeit, denn in der Adventszeit verwandelt sich der Botanische Garten in eine verzauberte Märchenwelt. Ein zwei Kilometer langer Rundweg führt durch den mit Millionen Lichtpunkten magisch erleuchteten „Christmas Garden" – zwischen glitzernden Bäumen und farbigen Lichtspielen. Da wird die Tanne zum Baum der Wünsche und bringt nicht nur Kinderaugen zum Leuchten.

Botanischer Garten Berlin, Königin-Luise-Straße 6–8, 14195 Berlin-Lichterfelde, Tel. (0 30) 83 85 01 00, www.botanischer-garten-berlin.de
ÖPNV: U3, Haltestelle U Podbielskiallee, S1, U9, Bus X83, Haltestelle S+U Rathaus Steglitz

Zeitreise im Spiegelzelt

11 *Große Kleinkunst in der Bar jeder Vernunft*

Wenn Vladimir Korneev im Spiegelzelt singt, beginnen die Zuhörer zu schweben. Dunkel und sehnsüchtig sind die russischen Lieder, frivol-charmant die französischen. Nebel und mystisches Licht umhüllen den Sänger, es funkelt aus Hunderten winziger Spiegel. Man hält den Atem an und vergisst die Welt. Mit seinen Holzlogen und Samtvorhängen versprüht das nostalgische „Tanz-Zelt" den Glanz der Jugendstilzeit. Kein Nachbau, ein holländisches Original, das mit Zuschüssen aus dem Kulturfonds der Hauptstadt aufgerüstet wurde. Eine bezaubernde Bühne für die Lebenslust der 20er-Jahre. Die „Bar jeder Vernunft" ist aus Berlin nicht mehr wegzudenken, ein Provisorium, das zur Institution wurde. Schlicht von außen, schillernd von innen. Ein Varieté für Nostalgiker und für Hipster, je nach Programm.

Wahrscheinlich hat der Zeltcharakter die Beliebtheit gesteigert: das Glück des Flüchtigen, die Magie des Moments. Die Liste der Künstler, die das Spiegelzelt zum Leuchten bringen, liest sich wie das „Who is Who" der deutschen Bühnenkünstler: Kabarettisten, Sänger, Schauspieler und Entertainer wie Götz Alsmann, Max Raabe, Tim Fischer, Désirée Nick, Georgette Dee oder Eckart von Hirschhausen. Unter der glitzernden Discokugel entfaltet sich die facettenreiche Welt der Kleinkunst. Witzig, schmissig und ironisch, romantisch, kitschig und burlesk. Eine Mischung aus Comedy, Kabarett, Chanson und Volkstheater, mit Slapstick und Stepptanz. Man träumt, schwelgt, schmunzelt und lacht, bis die Tränen kommen. Dicht und intim ist die Atmosphäre, ausgelassen die Stimmung. Man kommt, um sich zu amüsieren. Bevor die Künstler ihr Programm abfeuern, wird an weißgedeckten Tischen gepflegt getafelt. Zwei Gänge vor dem ersten Auftritt, das Dessert in der Pause. An den Bartischen nippt man an Wein und Cocktail. Was auf der Bühne gezeigt wird, hat große Klasse, aber nicht jedes Stück ist für jeden gemacht. Humor ist immer eine Gratwanderung. Doch wenn er passt, entfaltet das Spiegelzelt seinen ganzen Zauber.

TIPP
Das Musical „Cabaret" läuft jetzt im größeren Schwesterzelt „Tipi am Kanzleramt".

▶ **Bar jeder Vernunft** (auf einem Parkdeck), Schaperstraße 24, 10719 Berlin-Wilmersdorf, Tel. (0 30) 8 83 15 82
www.bar-jeder-vernunft.de
▶ ÖPNV: U1, U2, U3, U9, Bus N3, N9, Haltestelle U Spichernstraße

Ein Platz an der Sonne

 12 *Café, Engelbecken und Luisenstädtischer Kanal*

Die Caféterrasse liegt direkt am Wasser, gerahmt von Schilfgras und bestückt mit Gartentischen und Biergartengarnituren. Über die Wasserfläche geht der Blick nach Süden; an kalten Wintertagen wärmt man sich im Sonnenlicht, das durch die großen Fenster fällt. Dann ersetzen die blumigen Sofapolster die Blütenpracht der schlafenden Natur. Doch sobald es milder wird, drängt man nach draußen, an den glitzernden Teich mit dem pittoresken Entenhaus. Wer nur träumen und lesen will, setzt sich ins Ufergras oder auf eine der Bänke unter den grün umrankten Laubengängen rund um das Wasserbecken. Den schönsten Blick hat man von der Beckenseite, die dem „Café am Engelbecken" genau gegenüberliegt, denn dann erhebt sich die gewaltige Sankt-Michael-Kirche direkt dahinter und das anmutige Gesamtbild – Café, Kirche und Bäume – verdoppelt sich durch die Spiegelung. Ein wundervoller Anblick zu jeder Stunde und Jahreszeit.

Das Engelbecken war ursprünglich Teil und Mittelstück des Luisenstädtischen Kanals, der die Spree mit dem Landwehrkanal verband und von

TIPP *Eislaufen am Engelbecken an kalten Wintertagen.*

Stadt- und Landschaftsarchitekt Peter Joseph Lenné als Wassertransportweg und beschaulicher Spazierweg zur Naherholung angelegt war. Stolze Bürgerhäuser direkt am Kanal – das spätklassizistische Ensemble war ein visionärer Entwurf, aber nicht von Dauer. Durch ein zu schwaches Gefälle stand das Wasser mehr, als dass es floss und begann alsbald zu stinken, für die Anwohner mehr Ärgernis als Freude. 70 Jahre später wurde der Kanal daher wieder zugeschüttet und zur Gartenanlage umgestaltet. Nur das Engelbecken blieb, bis die Teilung der Stadt auch ihm ein vorläufiges Ende setzte. Das Wasser verschwand, die Berliner Mauer lief quer hinüber. Heute sprudeln wieder die Fontänen und man kann vom Engelbecken zwischen Rosenstöcken und Lindenbäumen Richtung Spree wandern, im bepflanzten Bett des ehemaligen Kanals, unterhalb der Straße. Die Ursprungsidee der Stadtplaner lebt weiter: eine grüne Lebensader in der dicht bebauten Innenstadt.

● Café am Engelbecken, Michaelkirchplatz/Engelbecken, 10179 Berlin-Kreuzberg, Tel. (0 30) 64 31 51 34, www.cafe-am-engelbecken.de
● ÖPNV: Bus 147, Haltestelle Heinrich-Heine-Platz, U8, Bus 165, 265, Haltestelle U Heinrich-Heine-Straße

Poesie zum Anfassen

13 *In der Textildesign-Werkstatt Panama*

Im Fenster hängt ein bunt bedrucktes Tuch. Ein Geschirrtuch, das das Herz berührt. Blumen und Schmetterlinge in fröhlichen Farben, von Hand gezeichnet. Darüber drei Worte von Mascha Kaléko, der feinsinnigen sensiblen Dichterin: „Sozusagen grundlos vergnügt". Eines der schönsten und lebensfrohsten Gedichte, die man sich denken kann. Ein Gedicht, das glücklich macht. Immer wieder findet man die zarten Verse in der Werkstatt von Sabine Landgraf oder begegnet Zeilen von Rilke, Mörike, Tucholsky und Ovid. Die Textildesignerin bringt Poesie ins Leben, denn sie bedruckt vieles, was man täglich sieht und braucht: Tapeten, Kissen, Lampen, Bilder – und alles, was weich und schmiegsam ist: Baumwolle, Batist, Samt und Seide, Filz und Leder, changierenden Taft, hauchdünnen Seidenorganza und Panama-Gewebe, eine mehrfädige Leinwandbindung. Jedes Stück ist ein Unikat. Wer besondere Wünsche hat, kann eigene künstlerische Vorlagen mitbringen und Stoff, Muster und Farbigkeit bestimmen. Natürlich arbeitet Sabine Landgraf auch gerne und oft mit Berlin-Motiven, denn ihre poetisch gestalteten Bücher, Tischdecken und Tücher sind ein bezauberndes Berlin-Souvenir. Gedichtzeilen,

TIPP Musicals und Shows im Admiralspalast in der Friedrichstraße 101.

historische Fotos und eigene Bilder und Zeichnungen werden von der Künstlerin im Computer bearbeitet, per Belichtung auf ein Sieb übertragen und dann im Siebdruckverfahren Farbe für Farbe auf den Stoff gebracht. Man kann dabei zusehen, wenn die Künstlerin den gespannten Rahmen auf den Stoff legt, mit dem Rakel die Farbe durch das belichtete Sieb (die Farbschablone) streicht und beim Drucken schrittweise das Bild entsteht.

Eines ihrer Lieblingsmotive ist das Foto der „Tiller Girls am Brandenburger Tor" aus dem Jahr 1926. Die fröhlichen Tänzerinnen kommen aus dem Berliner Admiralspalast, mit Luftballons und Sektflasche in der Hand. Man betrachtet die ausgelassenen Frauen und fühlt die Zeilen von Mascha Kaléko: „Ich freue mich. Das ist des Lebens Sinn. Ich freue mich vor allem, dass ich bin."

● Panama, Tucholskystraße 45, 10117 Berlin-Mitte, Tel. (0 30) 27 90 87 18
www.panama-berlin.de
● ÖPNV: Bus 142, Haltestelle Tucholskystraße, S1, S2, S25, Tram M1, M5,
Haltestelle S Oranienburger Straße, U6, Haltestelle U Oranienburger Tor

Volkspark mit Flakturm

14 *Der Humboldthain – mit Zugang zur Unterwelt*

Der Humboldthain ist ein Park für Abenteurer. Namenspatron ist der Universalgelehrte Alexander von Humboldt, der Bruder des Geisteswissenschaftlers Wilhelm von Humboldt. Alexander war abenteuerlustig und wissensdurstig, ein Naturforscher und Entdecker, der von seinen ausgedehnten Reisen durch Mittel- und Südamerika Tausende unbekannter Pflanzenarten mitbrachte. Zwar ist die Vegetation des Humboldthains mit Rosengarten, Liegewiesen und Blumenbeeten wenig exotisch, aber Abenteuer birgt der Park durchaus. Viel mehr als man zunächst erwartet. In der Mitte des Humboldthains erhebt sich ein dicht bewaldeter Hügel, der über den Resten eines ehemaligen Flakturms errichtet wurde. Ab Herbst 1940 standen hier zwei mächtige Hochbunker, mit Geschützen bestückt, um die Stadt vor Luftangriffen zu schützen. Nach Kriegsende wurden sie gesprengt, mit Trümmerschutt und Erde zugedeckt und bepflanzt, damit der Volkspark seine grüne Decke des Vergessens über die Schrecken der Vergangenheit breiten konnte. Ein Teil der Bunkeranlage blieb jedoch stehen, weil die Sprengung die nahe S-Bahn gefährdet hätte. Heute können Mutige an der senkrechten Betonwand das Klettern üben oder in die Tiefe der Ruine hinabsteigen. Geht man den treppenförmigen Waldweg zur Aussichtsplattform hinauf, steht man plötzlich vor der Wand des Flakturms und einer verschlossenen Tür. Sie wird nur bei Führungen geöffnet, die der private Verein „Berliner Unterwelten e. V." leitet. Er hat die Bunkeranlage begehbar gemacht. Schwindelerregende Wege führen durch den unterirdischen Trümmerberg und durch drei von ursprünglich sieben Bunkeretagen. Tickets gibt es am S+U-Bahnhof Gesundbrunnen. Man muss sich spontan entscheiden, denn eine Voranmeldung ist nicht möglich. Wer sich dann doch lieber zum Spaziergang im Grünen entschließt, kann die bebilderten Broschüren mitnehmen, die im Ticketshop ausliegen. Der Abenteuerspielplatz im Humboldthain bietet zumindest den Kindern auch an der Oberwelt jede Menge Aufregung.

⏺ Berliner Unterwelten e. V., Brunnenstraße 105, 13355 Berlin-Wedding, Tel. (0 30) 49 91 05 17
www.berliner-unterwelten.de
⏺ ÖPNV: U8, S1, S2, S25, S26, S41, S42, Bus 247, Haltestelle U+S Gesundbrunnen Bhf.

34

Bunkeranlage Humboldthai
(Flakturm)

Der Glanz der Kaiserzeit

 15 *Das Café-Restaurant Grosz am Ku'damm*

Man hört förmlich das Rattern der Pferdekutschen auf dem Kopfstein-pflaster, wenn man sich im Polster zurücklehnt und die prachtvolle Architektur auf sich wirken lässt: das 8 Meter hohe Deckengewölbe, die Jugendstilsäulen und blinden Spiegel. Der Marmorfußboden ist original. Der ganze Ort atmet den Geist der Jahrhundertwende. Vielleicht ist darum das Licht im Innenraum so gedämmt, dass es an Gaslaternen erinnert. Der vordere Bereich ist Café, der hintere Restaurant, was man sogleich an den weißgedeckten Tischen erkennt. Eine tiefe Ruhe erfüllt den Raum, dabei steht gerade der Name „Grosz" für Aufstand und Provokation. Der Maler, Grafiker und Karikaturist George Grosz hat die Berliner Gesellschaft der 20er-Jahre grotesk überzeichnet und ihre Gegensätze und Abgründe satirisch aufgespießt.

Der Name klingt nicht deutsch, doch George Grosz kam 1893 als Georg Ehrenfried Groß in Berlin zur Welt und starb 1959 am gleichen Ort, kurz nach seiner Rückkehr aus den USA, wo er die Hälfte seines Lebens verbrachte. Seine sozial- und gesellschaftskritische Kunst missfiel den Nazis, die sie nach der Machtergreifung als „entartet" verboten. Schon 1916 hatte Grosz die Schreibweise seines Namens geändert, um sich von der aggressiven deutschen Politik und dem erstarkenden Nationalismus zu distanzieren, 1933 wanderte er aus, fünf Jahre später wurde er amerikanischer Staatsbürger.

TIPP Frühstück, wann immer Sie Lust haben! Café „Benedict", Uhlandstraße 49. Täglich 24 Stunden geöffnet!

Das eindrucksvolle Haus Cumberland, in dem sich das Café-Restaurant Grosz befindet, macht dem Maler alle Ehre, obwohl es all das verkörpert, wogegen er rebellierte. Es war als Wohnpalast konzipiert, was durch eine Firmenpleite vereitelt wurde. So diente es als Kaiserliches Waffenamt, Grandhotel, Reichswirtschaftsministerium und Oberfinanzdirektion. Die heutige Nutzung dürfte seiner einstigen Bestimmung am nächsten kommen. Sie hätte auch George Grosz erfreut, der einem guten Glas nicht abgeneigt war. Kaffeehausszenen gehörten zu seinen Lieblingsmotiven.

○ Grosz, Kurfürstendamm 193/194, 10707 Berlin-Charlottenburg, Tel. (0 30) 6 52 14 21 99
grosz-berlin.de
○ ÖPNV: U1, Haltestelle U Uhlandstraße, Bus 109, 110, M19, M29, N10,
Haltestelle Bleibtreustraße

Einstein lässt grüßen

 Der Erfinderladen, ein Testmarkt für Ideen

Neben der Kasse sitzt Albert Einstein, das Maskottchen des „Erfinderladens", eine Stoffpuppe mit Wuschelhaar. Hier sprüht es vor Ideen, signalisiert schon der Name. Gegenüber dem Eingang prangt ein Zitat des populären Genies: „Phantasie ist wichtiger als Wissen, denn Wissen ist begrenzt." Aufgeräumt und nüchtern wie ein Labor mutet der Raum mit den großen weißen Setzkästen an, in denen die „Erfindungen" einzeln präsentiert werden, wie Sammlungsstücke in einem Museum. Der Mann hinter der Theke trägt einen weißen Laborkittel; das unterstreicht den innovativen Anspruch. Der Erfinderladen ist mehr als ein normales Geschäft. Er verhilft Produktideen zur Realisierung. Das hat sich herumgesprochen. 300 bis 400 Vorschläge gehen hier monatlich ein und hoffen auf Umsetzung. Manchen kann ein Investor vermittelt werden und sie landen früher oder später hier im Geschäft, dem idealen Testmarkt. Wenn es gut läuft, steht der größeren Serie nichts mehr im Weg.

Auf einem blau-weiß gestreiften Hemdsärmel aus Pappmaschee steht „Weltneuheit. Bügelhilfe. Genial einfach. Für knitterfreie Ärmel". Auf dem Aufsteller davor: „Status: Kleinserie". Als Nächstes springt einem das Bild eines Mammutbaums ins Auge: „Grow it! World's tallest tree." Ein Starter-Paket zum Selberzüchten. Ob das funktioniert? Man geht weiter und entdeckt viele originale Produktideen. Einfallsreich und kreativ. Praktische Dinge, wie die Girlande aus leuchtenden Klämmerchen, mit denen sich Fotos, Visitenkarten und Zettel dekorativ aufhängen lassen. Eine Leuchtkette mit Zweitnutzen. „Nice to have" und eine gute Geschenkidee! Egal, ob man etwas kauft oder nur herumgeht und schaut, der Erfinderladen inspiriert. „Mach das alles. Das Leben ist kurz!", verkündet ein Beutel mit 50 Glückslosen. Jedes Los eine Aufgabe, die glücklich machen soll. „Trenne dich von 21 überflüssigen Dingen!" Hört sich gut an. Dann: „Verzichte ein Wochenende auf alle elektronischen Medien!" Darüber müsste man nachdenken.

TIPP **Kult in der Start-up-Szene: „Sankt Oberholz" am Rosenthaler Platz, Café mit Coworking-Space.**

🔴 Erfinderladen, Lychener Straße 8, 10437 Berlin-Prenzlauer Berg, Tel. (0 30) 54 71 33 06
www.erfinderladen.com
🔴 ÖPNV: U2, Tram 12, M1, M10, Bus N2, Haltestelle U Eberswalder Straße

Einer für alle, alle für einen

 17 *Flohmarkt und Karaoke im Mauerpark*

Der Besuch des Flohmarkts im Mauerpark gehört für viele Berliner zum Sonntag dazu. Man trifft Freunde und Nachbarn an den Ständen, kauft, isst und trinkt eine Kleinigkeit und tankt beim Schlendern frische Luft. An der gleichen Stelle, an der heute Fußball, Boule und Musik gespielt wird, verlief einst der Grenzstreifen zwischen den Stadtteilen Prenzlauer Berg und Wedding. Die Mauer hat dem Park den Raum und den Namen gegeben und seinen eigenen Charakter. Er ist kein verträumter Rückzugsort und keine stille Oase, nur eine weite Grünfläche mit Baumgruppen und Büschen. Und doch zieht der Mauerpark so viele Menschen an, dass man sich am Wochenende wie auf einem Volksfest fühlt.

Die Ränge des Amphitheaters, das sich in den Hang eines Hügels schmiegt, sind voll besetzt, denn hier treten oft talentierte Sänger ans Mikrophon. Moderator und Stimmungsmacher ist der irische Fahrradkurier Gareth Lennon, genannt Joe Hatchiban, der sein orangerotes Lastenfahrrad zur rollenden Musikanlage umgebaut hat. „Berlin sucht den Superstar" wird live und mit Verve improvisiert; ab 14 Uhr fühlt man

TIPP Walpurgisnacht im Mauerpark mit Artisten und Lagerfeuern, am Vorabend des 1. Mai.

sich wie im Freiluftstudio, natürlich ohne Eintritt und festes Programm. Jeder kommt und geht, wie er möchte, der eine nach zwei Minuten, der andere nach zwei Stunden. Vom Stadion auf der anderen Seite des Hügels wehen Begeisterungsstürme und Fangesänge herüber. Überall im Mauerpark spürt man Gemeinschaft. Man kommt, um Sport zu treiben, zu schauen, zu hören, aber vor allem, um Lebensfreude zu teilen. Nur wer genau hinschaut, kann im Boden den Riss erkennen, den die Mauer bedeutete. Ein kupferfarbenes Band markiert den Verlauf. Folgt man ihm zwischen die Häuser am Rand des Parks, stößt man auf Bild-, Text- und Tondokumente aus der Zeit des Mauerbaus und der Teilung der Stadt. Ein bewegender Rückblick, der fast surreal anmutet in dieser lebensfrohen Umgebung. Wie eine kurze Erinnerung an einen schlechten Traum, aus dem man glücklich erwacht ist. Wir gehören zusammen. Das Leben ist schön.

● Mauerpark, 10437 Berlin-Prenzlauer Berg
● ÖPNV: Tram M10, Haltestelle Friedrich-Ludwig-Jahn-Sportpark, U2, Tram 12, M1, M10, Bus N2, Haltestelle U Eberswalder Straße

Oh du, Geliebte ...

 Anna Blume, das Café in Prenzlauer Berg

Früher gehörte zum Café ein Blumenladen. Eigentlich schade, dass er geschlossen wurde, obwohl man dort selten eingekauft hat. Manche Dinge vermisst man erst, wenn sie verschwunden sind. Er passte so gut zu der Poesie des Ortes. Zum Glück wird das Gedicht bleiben, das diesem romantischen Café seinen Namen geschenkt hat: „Anna Blume". Es steht auf der Wand neben der Bar, zumindest ein Teil davon. Wer genau hinsieht, findet schwärmerische Worte und Gedichtzeilen neben dem großen gezeichneten Frauenporträt im Jugendstil. Kurt Schwitters hat die enthusiastischen Zeilen verfasst, der wilde Dada-Künstler, der die Krisen seiner Zeit in seiner ganz persönlichen Kunst, die er „Merz" – abgeleitet von Com-merz – nannte, aufspießte und zerlegte. Sein berühmtestes Gedicht und eines der bekanntesten der Dada-Bewegung überhaupt, ist die verrückt-vergnügliche wortakrobatische Ode „An Anna Blume", die mit den Worten beginnt: „O du, Geliebte meiner siebenundzwanzig Sinne, ich liebe dir! – Du deiner dich dir, ich dir, du mir ..."

Gefühlt poetisch ist auch das Frühstück im Café „Anna Blume". Die Zutaten werden auf einer anmutigen dreistöckigen Etagere serviert. Eine nostalgische Tischkultur, die zu den roten Polstern und Messingläufen passt und den Platz auf dem Kaffeetisch verdoppelt. Bei schönem Wetter sitzt man im verwunschenen Vorgarten lauschig unter Laubbäumen an der Ecke einer ruhigen Straßenkreuzung, die sich zum Genießer-Treffpunkt entwickelt hat. Drei der vier Straßenecken sind von Cafés besetzt, die vierte von einem Lebensmittelladen. Sogar Literatur ist in Reichweite, denn gleich neben der Terrasse vom „Anna Blume" steht ein dicker Baumstamm mitten auf dem Gehweg, mit Bücherkästen statt Ästen. Die Fächer sind in den Stamm gekerbt und mit Plastik vor Regen geschützt. Man kann Bücher nehmen und geben, ganz wie man will. „Bookcrossing" nennt sich der Büchertausch, den man online verfolgen kann. Man wird neugierig. Vielleicht ist ja ein Buch über Kurt Schwitters dabei.

TIPP Traumhaft: die Garten-Oase der Dada-Künstlerin Hannah Höch in Berlin-Heiligensee. Anmeldung erbeten.

> Café „Anna Blume", Kollwitzstraße 83, 10435 Berlin-Prenzlauer Berg, Tel. (0 30) 44 04 86 41
> www.cafe-anna-blume.de
> ÖPNV: Tram M2 oder M10, Haltestelle Prenzlauer Allee/Danziger Straße, U2, Bus N2, Haltestelle U Eberswalder Straße oder Haltestelle U Senefelder Platz

Käthe Kollwitz ruft an

19 *Talking Statues – Sprechende Standbilder*

Was haben Karl Marx, Käthe Kollwitz und Bertolt Brecht gemeinsam? Antwort: Sie stehen auf Berliner Plätzen und warten darauf, dass wir sie ansprechen. Dann rufen Sie uns zurück. „Talking Statues", übersetzt „Sprechende Statuen", heißt das Konzept, das von David Peter Fox in Kopenhagen ins Leben gerufen wurde und inzwischen viele Weltstädte erobert hat. Es braucht nur ein Smartphone mit Scanner, um die Stimmen der Skulpturen hören zu können. In Sichtweite der Figuren befindet sich ein Schild in Form einer Sprechblase mit dem Namen der abgebildeten Person, dem Namen der Sprecherin bzw. des Sprechers und einem QR-Code. Wenn man diesen einliest, kann man das Standbild zum Sprechen bringen.

Es könnte durchaus sein, dass einem die Stimme der Figur bekannt vorkommt, denn es sind prominente Personen, die den historischen Persönlichkeiten ihre Stimme leihen: Schauspieler wie Katharina Thalbach (für Käthe Kollwitz auf dem Kollwitzplatz in Pankow), Axel Prahl (für Bertolt Brecht vor dem Berliner Ensemble) und Walter Plathe (für den Volkskünstler Heinrich Zille im Nikolaiviertel). Beim Marx-Engels-Denkmal hört man Gregor Gysi zu. Wer im Ehrenhof der Humboldt-Universität der weiblichen Plastik lauscht, wird vielleicht die TV-Moderatorin Sandra Maischberger erkennen, aber die österreichische Kernphysikerin Lise Meitner dürfte für die meisten eine Unbekannte sein. Sie ist die erste Wissenschaftlerin, der in Deutschland ein Denkmal errichtet wurde. Der spielerische Reiz dieser kurzen Zwiegespräche: Man erfährt Interessantes über Menschen, die man wenig oder gar nicht kannte und stillt eine Neugier, von der man gar nicht wusste, dass man sie fühlen würde. Manch einer wird zum Skulpturenjäger und hört sogar einem Löwen zu, an dem er sonst achtlos vorübergegangen wäre. Das Wüstentier im Kolonnadenhof der Alten Nationalgalerie erinnert an den für seine Tierfiguren bekannten Bildhauer August Gaul und spricht mit der deutschen Stimme von James Bond, alias Dietmar Wunder.

TIPP Auf dem Kollwitzplatz findet donnerstags und sonntags ein beliebter Wochenmarkt statt.

● www.talking-statues-berlin.de

TALKING STATUES Berlin

KÄTHE KOLLWITZ
ruft dich an!

gesprochen von
KATHARINA THALBACH

 speak2.co/
kollwitz   scan me!

KÄTHE KOLLWITZ calling!

talking-statues-berlin.de

Treibhaus mit Weitblick

Das Restaurant Neni im 25hours Hotel Bikini

Schwer zu sagen, an welcher Fensterfront man den schönsten Blick aus dem zehnten Stock auf Charlottenburg hat, denn grandios ist er an allen Seiten. Ku'damm, Gedächtniskirche und Zoologischer Garten liegen einem praktisch zu Füßen. Das Restaurant „Neni" residiert auf dem Dach des „25hours Hotel Bikini". Man schwebt über allem, ganz nah am Himmel. Der rundum verglaste Raum, die offene Dachkonstruktion und die vielen Pflanzen ließen an ein Treibhaus denken, wären da nicht die trendigen Holzmöbel und das aufgeschlossene Publikum. Der Gast ist das Pflänzchen, das hier gepflegt wird.

Das „Neni" ist ein Familienbetrieb. Hausherrin und Küchenchefin ist Haya Molcho, Ehefrau des berühmten israelischen Pantomimen Samy Molcho und Mutter von vier Söhnen: Nuriel, Elior, Nadiv und Ilan. Die Initialen ihrer Vornamen haben dem „Neni" den Namen gegeben. Und das Konzept: lieben und teilen. Gemeinsam essen mit Familie und Freunden. Die Tür steht immer offen und jeder, der kommt, wird mit Leidenschaft bewirtet. Der gedeckte Tisch als Mittelpunkt des Lebens. Unkompliziert und un-

TIPP

Monkey Bar mit Terrasse auf der gleichen Etage.

prätentiös. Was Haya Molcho privat liebt, hat sie in Wien und Berlin zum gastronomischen Prinzip erhoben. Die Familie lebt in der Donaumetropole (wo sie das erste „Neni" aus der Taufe hob), hat aber israelische, rumänische und spanische Wurzeln. Das spürt und schmeckt man: Humus, Falafel und Babaganoush, Sakuska und Frikkeh Salat. Hamshuka, Sabich und Knafeh. Kennen Sie nicht? Dann ab ins „Neni". Am besten zu mehreren, damit Sie möglichst viel probieren können. „Sympathisches Chaos" (israelisch Balagan) nennt man im „Neni" das Durcheinander der vielen Teller, von denen sich alle am Tisch bedienen dürfen. Teilen ist Leben und im „Neni" ein grenzenloses Vergnügen. Wer sich an Unbekanntes gar nicht traut, bestellt gegrillten Kabeljau oder Hühnerstreifen in Mandelkruste. Auch eine Offenbarung! Die einzige Schwierigkeit könnte darin bestehen, den Aufzug zu finden. Kleiner Tipp: die Bikini-Einkaufspassage am besten auf der Ostseite verlassen.

Neni Berlin im 25hours Hotel Bikini Berlin, Budapester Straße 40, 10787 Berlin-Charlottenburg
Tel. (0 30) 1 20 22 12 00
www.neniberlin.de
ÖPNV: U1, U9, Haltestelle U Kurfürstendamm, Bus 100, 200, Haltestelle Breitscheidplatz

Spionage und Street Art

21 *Die ehemalige Radarstation Teufelsberg*

Einer der rätselhaftesten und spannendsten Orte der Hauptstadt liegt am westlichen Stadtrand mitten im Grunewald. Der 120 Meter hohe Teufelsberg ist keine natürliche Erhebung. Er entstand nach dem Zweiten Weltkrieg aus den Trümmern der zerstörten Hauptstadt, die hier gesammelt und aufgeschichtet wurden. Ursprünglich wollte Hitler in diesem Gebiet eine Hochschulstadt errichten. 1937 war Grundsteinlegung, doch schon drei Jahre später wurde der Bau eingestellt; der Krieg hatte höhere Priorität als die Bildung. In den 60er-Jahren entdeckten die westlichen Alliierten den Schuttberg als ideale Antennenplattform und der „Hill", wie ihn die Amerikaner nannten, wurde zur geheimen Abhöranlage. Noch immer weht etwas Geheimnisvolles um die riesigen Radarkuppeln, deren größte sich auf dem Dach des Hauptgebäudes erhebt, an den Rändern mit Graffiti besprüht und vom Zahn der Zeit zernagt. Unter den schützenden Hüllen drehten sich die Satellitenschüsseln, um den Funkverkehr des Warschauer Paktes abzuhören, der Sowjets und DDR-Behörden. Erst 1989, mit dem Ende des Kalten Krieges, beendeten Briten und Amerikaner ihre Spionagetätigkeit auf dem Teufelsberg und begannen, die Einrichtungen zu demontieren. Was bleibt, sind die schweigenden Ruinen und ein fantastischer Blick über den Grunewald und Westberlin.

TIPP Am Wochenende führt ein ehemaliger Spion durch die Ruinen.

Und doch ist es nicht zuerst die Aussicht, die hier gefangen nimmt, sondern die Mystik der verwitterten Mauern, die nach und nach von Graffiti-Künstlern entdeckt und erobert wurden. Auf den nackten Betonwänden prangen jetzt plakative Bilder von Street-Art-Künstlern aus der ganzen Welt. Provokativ, politisch, amüsant und immer wieder neu. „Größte und höchste Street Art Galerie Europas" nennt das Teufelsbergteam die auf fünf Stockwerke verteilte Graffiti-Kunst mit Stolz. Am Fuß des verwunschenen Komplexes kann man an der improvisierten Bar eine Pause einlegen, Musik hören und über das Glück sinnieren, im Heute zu leben. Der Teufel ist unter dem Berg begraben.

Teufelsberg, Teufelsseechaussee 10, 14193 Berlin-Charlottenburg, Tel. (01 71) 3 83 16 66
www.teufelsberg-berlin.de
ÖPNV: S3, S7, S75, S9, Haltestelle S Heerstraße, dann 2 Kilometer zu Fuß

Salsa, Tango und Theater

 22 *Der Monbijoupark mit Strandbar und Märchenhütte*

Schon Sophie Dorothea, die Mutter Friedrichs des Großen, hat hier getanzt und den Garten an der Spree genossen. Sie lud gern zu Gesellschaften in das Schlösschen „Monbijou" (französisch, übersetzt: „mein Schmuckstück") und nahm die Gäste am Bootsanleger in Empfang. Das war um die Mitte des 18. Jahrhunderts. Georg Wenzeslaus von Knobelsdorff, der Lieblingsarchitekt von Friedrich II. und Oberaufseher aller königlichen Bauten, hatte es verschönert und ausgebaut, ein zweites „Sanssouci". Das zauberhafte Lustschloss hat den Zweiten Weltkrieg nicht überlebt. Doch der Name „Monbijou" ist im Park erhalten geblieben – und die Tanz- und Lebensfreude. Wenn es warm wird, stehen die Liegestühle an der Spree Spalier. Man holt sich ein Getränk an der Strandbar und lässt sich nieder, blickt aufs Wasser und hoch in die Palmkronen, die sich im Sommer zwischen den alten Bäumen wiegen – und fühlt sich wie im Urlaub. Am Abend gehen die Lichter an und die Musik beginnt zu spielen. Tango, Salsa, Walzer und Swing erklingen unter den Sternen. Auf der anderen Seite der Spree erhebt sich das Bode-Museum wie eine

TIPP Im Sommer gibt's Shakespeare und Co im provisorischen Amphitheater neben der Strandbar.

Theaterkulisse, bestrahlt von der untergehenden Sonne und den Leuchten der Stadt, überwältigend in seiner neobarocken Pracht und zeitlosen Schönheit. Mit diesem Traumbild vor Augen schwebt man in den Armen des Partners über die Tanzfläche und fühlt sich wie auf einer Bühne – oder wie im Himmel.

Wenn die Strandbar im Herbst schließt, ziehen die Tänzer in „Clärchens Ballhaus" um. Dann beginnt im Monbijoupark die Saison der „Märchenhütten". In zwei alten polnischen Holzhäusern werden die alten Geschichten erzählt und gespielt: „Hans im Glück", „Der Fischer und seine Frau" und andere geliebte Klassiker. Man versinkt in ihnen wie in einem warmen Kissen. Die Kleinsten lauschen auf Mamas oder Papas Schoß. In der Abendvorstellung werden die Märchen zum Cabaret. Ein Riesenspaß auch für die Großen. Davor gibt's Glühwein, Pizza und Lagerfeuer mit Blick auf den Fernsehturm. Einfach märchenhaft!

▶ Strandbar, Amphitheater und Märchenhütte im Monbijoupark, Monbijoustraße 3b, 10117 Berlin-Mitte
www.monbijou-theater.de
▶ ÖPNV: S1, S2, S25, S26, Tram M1, M5, Haltestelle S Oranienburger Straße, S3, S5, S7, S9,
Tram M1, M4, M5, M6, Haltestelle S Hackescher Markt

Nur für Romantiker

23 *Spätkauf mit kleinem Café*

Was dem Rheinländer sein Büdchen und dem Hamburger sein Kiosk, ist dem Berliner sein Spätkauf, liebevoll „Späti" genannt. Hier kauft er ein, wenn alle anderen geschlossen haben, am späten Abend und am Wochenende. Der „Späti" ist die Versorgungsstation für den Notfall, meist unromantisch, weil funktional. Doch es gibt Ausnahmen: Der „Späti" in der Choriner Straße ist völlig anders, in jeder Hinsicht.

Spätkauf steht auf dem Schild über der Tür, doch nicht in Neon, sondern handgemalt in Ölfarbe, überrankt und versteckt von üppigem Grün. Ein „Späti" im Dornröschenschlaf – und unter der Woche gar kein „Späti", denn er schließt um 20 Uhr. Früher hatte er abends lange auf, aber dann fühlten sich die neuen Nachbarn von den Gesprächen an der Hausmauer gestört und zudem kippte Berlin das Ladenschlussgesetz für die Werktage. Jetzt durfte auch jeder Supermarkt unbegrenzt öffnen. Bis Mitternacht geht's in der Choriner Straße nur noch am Wochenende, in guter Gesellschaft.

Der Innenraum ist zweigeteilt und urgemütlich. Unten Café, oben Laden.

TIPP — *Bloß keinen „Latte Macchiato" bestellen! Den gibt's hier nicht. Aus Prinzip!*

Ein paar Stufen führen zu einer Art Vorratsraum, wo man sich selbst bedienen kann: Getränke, Konserven, Waschmittel, Backwaren, also das Übliche, dazu auch frisches Obst. Wer sich am Sonntagmorgen vor dem leeren Küchenschrank spontan entschließt, einen Kuchen zu backen, kriegt hier die Zutaten. Oder er lässt sich an einem der kleinen Tische nieder und probiert etwas aus der Vitrine: saftigen „Carrot Cake", nussigen Schokokuchen oder – Geheimtipp – das Hühnchen-Mandarinen-Sandwich. Alles ist frisch gemacht, nur die Stühle sind Vintage. Und der Ledersessel, das Bücherregal, die Schilder, Fotos, Bilder und witzigen Illustrationen unter der Decke. Man schaut, schmeckt und fühlt: Hier ist Heimat. Für den Berliner, der die Gentrifizierung seines Kiezes mit Widerwillen erlebt, und für den Zugezogenen, der in Berlin genau das sucht: das Echte, Unverfälschte. Die unberührte Insel im Meer der Modernisierung. In diesem „Späti" wird man leicht zum Philosophen.

⬤ Spätkauf, Choriner Straße 12, 10119 Berlin-Mitte, Tel. (01 63) 2 63 76 19
⬤ ÖPNV: U2, Bus N2, Haltestelle U Senefelder Platz, U8, Tram M1, M8, Bus 142, N8, N40, Haltestelle U Rosenthaler Platz

Villa am Wannsee

 24 *Im Sommerhaus des Malers Max Liebermann*

Vom Gartenpavillon führt ein Bootssteg hinaus auf den Wannsee. Birkenblätter flirren in der Sonne, weiße Segel gleiten über das blaue Wasser. Das Traumgrundstück reicht bis ans Ufer. Wenn man vom See zurückblickt, sieht man am Ende des leicht ansteigenden Rasens die Villa Liebermann zwischen den hohen Bäumen. Prachtvoller ist die Vorderseite mit den dicken dorischen Säulen, die zum Gemüsegarten und Gartenhaus zeigt. In seinem geliebten „Schloss am See" verbrachte der berühmte Berliner Maler die warme Jahreszeit. Um die Jahrhundertwende war er bereits als Porträtmaler renommiert und begehrt, ein Mann der Gesellschaft, der in Berlin noch ein repräsentatives Stadthaus besaß und in den besten Kreisen verkehrte. Doch sein persönlicher Glücksort war die Villa am Wannsee, die nach seinen Ideen erbaut und gestaltet wurde. Ein Besuch in Hamburg und die Entdeckung der Alstervillen hatte in ihm den Wunsch nach einem Sommerhaus am Wasser belebt. Der durch Laubkronen besonnte Rasen und die leuchtenden Blumenrabatten gehörten fortan zu seinen Lieblingsmotiven.

TIPP *Das rekonstruierte Stadthaus des Malers befindet sich am Pariser Platz 7, neben dem Brandenburger Tor.*

Im Erdgeschoss, den früheren Wohnräumen, ist heute das Café Max untergebracht, ein schlichtes Café zur Selbstbedienung. Bei schönem Wetter nimmt man auf der Terrasse an der Seeseite Platz, eben dort, wo Max Liebermann mit Familie und Freunden Tee trank und den Blick auf den Wannsee genoss. Sein Atelier im Obergeschoss ist heute ein kleines Museum, mit Bildern aus dem Garten, alle prachtvoll gerahmt. Erst der Rahmen erhebe ein Bild zur Kunst, befand Max Liebermann, und rahmte die leeren Leinwände, bevor er zu malen begann. Sein Gartenparadies war ihm eine ständige Inspiration. Er gilt als Meister des gefilterten Lichts und der Sonnenflecken. Die kunstvolle Verbindung von Blumenterrassen, Heckengärten und klaren Sichtachsen bezaubert auch den Besucher. Herrlich ist der herbstliche Farbrausch mit rotem Weinlaub, goldgelben Baumkronen und violetten Kohlköpfen im Gemüse- und Staudengarten. Man möchte zum Maler werden.

Liebermann-Villa, Colomierstraße 3, 14109 Berlin-Wannsee, Tel. (0 30) 80 58 59 00
www.liebermann-villa.de
ÖPNV: Bus 114, Haltestelle Liebermann-Villa

Künstlertreff mit Kultstatus

25 *Paris Bar, Café-Restaurant in der Kantstraße*

Die Künstler haben die „Paris Bar" immer geliebt. Für den Schriftsteller Hubert Fichte war sie „die beste Bar der Welt", für Heinz Berggruen das wahre Wahrzeichen Berlins. Heiner Müller verglich sie liebevoll mit Dantes Hölle für die Maßlosen. Das Fegefeuer hat die „Paris Bar" hinter sich; 2005 musste sie Insolvenz anmelden. Die Berlinale war vom Zoo Palast an den Potsdamer Platz umgezogen. Hollywood- und Politprominenz feierten jetzt in der Neuen Mitte. In der Kantstraße blieb man gelassen; die Freunde blieben. Das Gemälde an der Stirnwand des Restaurants, das die ganze „Paris Bar" mit Bildern zeigt und den Gastraum wundersam verdoppelt, ist eine Kopie, eine gemalte Hommage von Daniel Richter an Martin Kippenberger, der einst das Original dem Restaurant für ein lebenslanges Gastrecht geliehen hatte. Das Original wurde inzwischen für 2,5 Millionen Euro bei Christie's versteigert – ein Spitzenpreis für ein Schlüsselwerk der Kunstgeschichte. Irgendwann legte sich der Hype um die Neue Mitte. Viele, die im Schlepptau der Szene in den Osten fuhren, kehrten zurück.

TIPP Museum Berggruen – Klassische Moderne in Charlottenburg, Schloßstraße 1.

Die „Paris Bar" ist beliebt wie vor der Wende. Von 12 Uhr bis 1 Uhr wird in der atmosphärischen Künstlerkneipe gepflegt gespeist. Wenn anderorts die Stühle hochgestellt werden, ist hier noch Lebenslust zu spüren. Die Kreativen hatten schon immer ihren eigenen Tagesrhythmus. Wer mitten am Nachmittag den kleinen Hunger verspürt, kann in der „Paris Bar" Kaffee und Mousse au Chocolat genießen oder exzellente Foie Gras mit einem Glas Sauternes. Einfach köstlich sind auch das „Coq au vin" und der warme Ziegenkäse mit kleinem Salat, perfekter Vinaigrette und knusprigem Baguette. Dabei ist es ein Österreicher, der das französische Savoir-vivre in die Kantstraße gebracht hat, Michel Würthle. Er ist selbst Künstler. Bisweilen hängt ein Plakat seiner Ausstellungen im Fenster hinter den Bistrotischen der Terrasse. Für Passanten und Stammgäste. Die „Paris Bar" hat viele. Kein Wunder, schöner könnte es auch an der Seine kaum sein.

● **Paris Bar, Kantstraße 152, 10623 Berlin-Charlottenburg, Tel. (0 30) 3 13 80 52**
● **ÖPNV: Bus M49, Haltestelle Uhlandstraße/Kantstraße (direkt vor der Tür),**
U1, Haltestelle U Uhlandstraße

Fisch am Freitag

26 *Steckerlfisch auf dem Markt am Arkonaplatz*

In gut katholischen Familien war es früher üblich, am Freitag Fisch zu essen, denn Fisch hieß Verzicht auf Fleisch, eine kleine Verbeugung vor dem Herrgott und Jesu Leiden am Karfreitag. Inzwischen gehört der Freitag schon halb zum Wochenende und Fisch auf jeden gesunden Speiseplan, nicht nur bei Pescetariern. Das Ritual des freitäglichen Fischessens wird daher gerne weiter zelebriert, wenn auch mehr aus Lust als aus Religiosität.

Wer in Mitte zwischen Weinberg und Mauerpark wohnt oder eine kleine Anreise nicht scheut – Berlin ist ja ziemlich weitläufig –, findet am Arkonaplatz einen wundervollen Fischstand. Allerdings nur am Freitag, denn nur dann findet im Zentrum des baumbestandenen Platzes, der wie ein kleiner Park wirkt, der charmante Wochenmarkt statt, bei dem jeder zweite Stand auch ein Imbiss oder ein Open-Air-Restaurant ist. Fischesser steuern „Steckerlfisch" an, ein blaues Zelt mit dunkelrotem Dach, unter dem Jürgen Fürgut ganze Fische und Fischfilets über Holzkohle röstet. Die Farben des Stands lassen an Frankreich denken, doch Jürgen ist Bayer und der „Steckerlfisch" eine Spezialität aus dem Alpenvorland, bei der frisch gefangener Fisch zum Grillen auf Holzstäbe gespießt wird. Auf dem Arkonaplatz werden sie appetitlich in die Fischzange genommen: Forellen, Makrelen, Zander und Saibling, serviert mit selbstgemachter Kräuterremoulade, grünen Algen und Rucola-Pesto. Den passenden Weißwein und die Gläser holt man sich an einem der Nachbarstände, entkorkt und getrunken wird an den Stehtischen des „Steckerlfisch".

TIPP *Sonntags findet auf dem Arkonaplatz ein kleiner, gemütlicher Trödelmarkt statt.*

Wer keinen Fisch mag oder verträgt, muss nicht hungrig bleiben. Auf dem kleinen Markt gibt es viele Alternativen: italienische Pasta, belgische Waffeln und französische Crêpes, Rindsburger und Schweinebraten. Zum Mitnehmen oder Vor-Ort-Essen. Natürlich kann man auch einfach nur über den Platz schlendern und vielleicht am Blumenstand einen Strauß erstehen. Es gibt immer jemanden, den man damit glücklich machen kann.

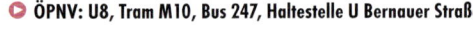

● Wochenmarkt, Arkonaplatz, 10435 Berlin-Mitte
www.steckerlfisch.com
● ÖPNV: U8, Tram M10, Bus 247, Haltestelle U Bernauer Straße

In-Platz für Insider

27 *Bar Tausend und Restaurant Cantina*

Sie ist schon seit Jahren eine der hippsten Bars der Hauptstadt und nur wenige Hundert Meter von zwei der prominentesten Restaurants entfernt: der „Ständigen Vertretung" (StäV) und dem „Grill Royal". Doch die meisten Besucher, die über den Schiffbauerdamm zu diesen Adressen pilgern, dürften an der „Bar Tausend" achtlos vorbeigehen. Der Grund ist einfach: Man bemerkt sie gar nicht. Hinter der unscheinbaren Tür unter dem S-Bahnbogen Friedrichstraße würde man elektrische Schaltkästen oder den Abstieg in die Kanalisation vermuten, aber keine exklusive Restaurant-Bar. Kein Ton dringt nach draußen. Kein Fenster leuchtet in der Wand, keine Hausnummer, kein Name und keine Aufschrift. Die Bar Tausend will und kann es sich leisten, auf Zufallsgäste zu verzichten. Nur Eingeweihte finden die winzige Klingel neben der Eisentür (Hausnummer 11) und werden eingelassen – wenn sie Glück haben oder eine Reservierung im Restaurant.

Bevor die Tür aufgeht, öffnet sich eine Luke: Gesichtskontrolle, Kleidungscheck. Was genau zum Eintritt qualifiziert, bleibt fraglich. Wer sich nicht mustern und womöglich gar abweisen lassen

TIPP Green Door Cocktailbar im Retrolook mit langer Bartheke, Winterfeldstraße 50. Bitte klingeln!

will, bucht rechtzeitig einen Tisch im Restaurant „Cantina" hinter der Bar. Es lohnt sich, denn die Küche ist innovativ und köstlich. Eine Mischung aus peruanischer Frische, asiatischer Raffinesse und spanischer Bodenständigkeit. Man genießt Ceviche mit Chili und Koriander, Kabeljau mit Miso-Paste oder „Pimientos de Padrón", die kleinen grünen Paprikaschoten. Zum Nachtisch Schokokuchen mit Macha-Eis.

Das Interieur ist puristisch, die Beleuchtung schummrig. Mit faszinierenden Lichtobjekten. Großstadtflair mit einer Prise Bunkerfeeling. Elitär und leger zugleich. Man fühlt sich auserwählt. Nach dem Essen wartet die Bar, ein atmosphärischer Raum mit langer Theke und spiegelnden Aluminiumflächen. Gute Cocktails, Musik von wechselnden DJs, kleine Tanzfläche. Auch Leonardo DiCaprio und Bar Refaeli sollen schon hier gewesen sein.

Tausend, Schiffbauerdamm 11, 10117 Berlin-Mitte, Tel. (0 30) 27 58 20 70
www.tausendberlin.com
ÖPNV: U6, S1, S2, S25, S26, S3, S7, S9, Tram 12, M1, Bus 147, N6,
Haltestelle S+U Friedrichstraße Bhf.

Salonmusik mit Werkstattflair

 Pianosalon Christophori – unbeschreiblich anders

Wäre da nicht das Schild „Pianosalon Christophori" an der Außenwand neben der Tür, würde man denken, man habe sich verirrt. Man würde hier Hammerschläge vermuten, aber kein Klavierspiel. In der riesigen Halle wurden einst Busse der Berliner Verkehrsbetriebe repariert und gewartet, heute stehen Musikinstrumente unter dem Wellblechdach, vor allem kostbare historische Flügel, die darauf warten, restauriert und bespielt zu werden. Denn der „Pianosalon Christophori" ist beides: Werkstatt und Konzertsaal. Inmitten dieser herrlich improvisierten und leicht chaotisch wirkenden Arbeitsumgebung erwacht die Salonmusik des 18. Jahrhunderts zu neuem Leben – und schönstem Klang! Hier greifen keine Laien in die Tasten, sondern Pianisten auf Konzertreise und junge Talente, die vor einem Wettbewerb den Auftritt proben möchten. Christoph Schreiber ist Hausherr, künstlerischer Leiter und Restaurator. Er macht das professionell und perfekt, obwohl er nie die klassische Ausbildung zum Klavier- und Cembalobauer absolviert hat. Hauptberuflich ist er Arzt, Neurologe am Unfallkrankenhaus in Marzahn. Die Fingerfertigkeit lag ihm in den Genen. Schon als Kind saß Christoph Schreiber am Klavier. Seinen ersten Flügel kaufte er sich als Medizinstudent, ein heruntergekommenes Instrument, das zunächst instand gesetzt werden musste. Doch die Reparaturkosten waren so hoch, dass er entschied, es selbst zu versuchen. Wer sich mit dem menschlichen Körper auskennt, sollte doch auch einen Flügel richtig behandeln können. So fing es an. Inzwischen pendelt Christoph Schreiber zwischen Krankenhaus und Werkstatt, restauriert im Auftrag alte Konzertflügel und organisiert musikalische Abende in seinem außergewöhnlichen Atelier. Der „Pianosalon" ist seine Passion. Was im privaten Freundeskreis begann, ist zur regelrechten Konzertreihe gewachsen. Getränke inklusive. Auch Eintrittsgelder gibt es jetzt bisweilen, doch die lässige, unkomplizierte Atmosphäre ist geblieben. Instrumente und Musiker hautnah. Ein Glücksfall!

TIPP Konzert auf der Webseite wählen und per Klick auf Reservierungswunsch anfragen.

▶ Pianosalon Christophori, Uferhallen, Uferstraße 8, 13357 Berlin-Gesundbrunnen
www.konzertfluegel.com
▶ ÖPNV: U8, Bus M27, Haltestelle U Pankstraße, U8, U9, Tram 50, M13, Bus 125, 128, 150, 255, Haltestelle U Osloer Straße

Am Weinberg

29 *Schweizer Küche im Nola's*

Warum der sanft ansteigende Hügel „Volkspark am Weinberg" heißt, kann man heute nur ahnen. Weinstöcke wachsen hier keine mehr, dafür herrliche weiße und rote Seerosen auf dem kleinen Teich am Fuß der Rasenfläche. Vereinzelt große Bäume, unter denen Mütter mit Kinderwagen im Schatten sitzen oder verliebte Paare träumen. Jogger durchqueren den Park in sportlichem Trab, Yogis meditieren im Lotussitz oder rollen über die Wiese. Wenn der Tiergarten Berlins grüne Lunge ist, ist der Weinberg das Herz von Mitte. Nur eine kleine Grünfläche, aber voller Leben. Hier entspannen die Berliner, wann immer es das Wetter erlaubt.

Wer Durst oder Hunger verspürt und statt auf dem Rasen auf richtigen Holzbänken oder Stühlen Platz nehmen möchte, kehrt bei „Nola's" ein. Das Restaurant-Café thront quasi auf der Spitze des Weinbergs, mit großer Terrasse, die das Gebäude wie ein Halbkreis umgibt. Das Interieur erinnert an die 50er-Jahre, was der Beliebtheit keinen Abbruch tut. Die Eigentümer sind Schweizer. Das wird in der Speisekarte regelrecht zelebriert: außen mit weißem Schweizerkreuz auf knallrotem Fond, innen mit eidgenössischem Zungenschlag und Spezialitäten wie Käsefondue, „Röschti" und „Mischtchratzerli". Zum Nachtisch gibt's „Toblerone Mousse" und als „Süesses Ändi" Kaffee mit einem „Bündner Mini-Nusstörtli". Wenn das nicht gute Laune macht! Besonders beliebt ist der Brunch am Sonntag. Wer bei der Tischbestellung leer ausgeht, darf trotzdem hoffen. Einige Tische werden erst vor Ort vergeben. Viele nehmen ohnehin am liebsten direkt auf dem Weinberg Platz und breiten die Decke zum Picknick aus.

Übrigens: Vom 12. bis ins 15. Jahrhundert wurde in Berlin wirklich Wein angebaut; Albrecht I. von Brandenburg hatte Mönche ins Land geholt, um die Einheimischen zu bekehren; man brauchte Messwein für die Kirche. Mit dem kälter werdenden Klima ging der Weinanbau zurück und erlosch schließlich ganz. Inzwischen gibt es im Berliner Stadtgebiet wieder ein paar Weinberge.

⊙ Nola's am Weinberg, Veteranenstraße 9, 10119 Berlin-Mitte, Tel. (0 30) 44 04 07 66
www.nola.de
⊙ ÖPNV: U8, Tram M1, M8, Bus 142, N40, Haltestelle U Rosenthaler Platz

Das Glück der Freiheit

 30 *Das Mauermuseum am Checkpoint Charlie*

Wer dieses Haus betritt, wird es nie wieder vergessen. Berlin ist reich an großartigen Museen, aber keines ist mit der besonderen Geschichte dieser Stadt so im Innersten verbunden wie das Mauermuseum am Checkpoint Charlie. Hier verlief die Grenze zwischen West und Ost. Checkpoint Charlie war der wichtigste Grenzübergang unter amerikanischer Kontrolle und das Einlasstor für Besucher aus dem Westen. Das erste Museum entstand schon kurz nach dem Mauerbau im Oktober 1962 in einer Privatwohnung auf der Westseite, damals als Stützpunkt für Fluchthelfer und Geflüchtete und Fanal für den Widerstand gegen das Unrechtssystem der DDR. Heute erinnert es an die Berliner Mauer und die innerdeutsche Grenze und an die mutigen Menschen, die sie überwinden wollten.

Es erzählt von gescheiterten und gelungenen Fluchtversuchen, von Sehnsucht und Fantasie, von Entschlossenheit und unglaublichem Mut. Fasziniert steht man vor dem Erfindungsreichtum der Menschen, die alles wagten für ein Leben in Freiheit. Manche versuchten es durch die Luft, mit Privatflugzeug, Heißluftballon oder Sessellift, von Strommast zu Strommast, andere durch die Erde, indem sie lange unterirdische Gänge gruben. Mit Ehrfurcht betrachtet man den Einkaufswagen, mit dem die junge Mutter die Grenze passierte, das schlafende Kleinkind (im Museum eine Puppe) am Boden versteckt. Man bewundert das winzige Auto, so kunstvoll umgebaut, dass unter dem Fahrersitz ein erwachsener Mensch Platz fand. Die einzige, aber höchst riskante Möglichkeit, sich zu verstecken, denn der Kofferraum und die Unterseite des Fahrzeugs wurden bei jedem Grenzübertritt abgesucht. Die bildreiche Darstellung der vielen erfolgreichen Fluchtversuche macht den Besuch des Mauermuseums zu einem bewegenden Erlebnis. Originale Ausstellungsstücke, Filme und Dokumente führen eindrucksvoll vor Augen, was Willens- und Tatkraft vermögen können. Eine packende Geschichtsstunde und ein nachhaltiges Plädoyer für das Glück, in Freiheit zu leben.

TIPP DDR Museum – 40 Jahre Alltagsleben mit Stasi, Plattenbau und Trabant, Karl-Liebknecht-Straße 1.

▶ **Mauermuseum, Friedrichstraße 43–45, 10969 Berlin-Kreuzberg, Tel. (0 30) 2 53 72 50**
www.mauermuseum.de
▶ **ÖPNV: U6, Bus N6, M29, Haltestelle U Kochstraße/Checkpoint Charlie,**
Bus M29 Haltestelle Charlottenstraße

Berlins beste Brathähnchen

 Das Alt-Berliner Wirtshaus Henne

Das knusprigste Brathähnchen Berlins gibt es im Gasthaus „Henne" am Engelbecken. Die krosse Haut ist dünn wie Pergament und so knusprig wie die Kruste eines frisch gebackenen Brötchens, das Fleisch so saftig, wie es nur ein perfektes Timing hervorbringt. Viele Köche haben versucht, das Geheimnis der legendären Jungmasthähnchen zu lüpfen, aber vergeblich. Die Wirtin Angela Leistner lächelt nur auf die Frage. Der Gewerkschafter Paul Litfin hat das Restaurant 1908 als „Wirtshaus zur Hirschecke" für seine Arbeiterfreunde eröffnet; aus dieser Zeit stammen die Geweihe an den dunklen Holzwänden und die schmiedeeisernen Lampen. Fast alles ist original, nur die Biertheke musste erneuert werden. Die Idee für die Hähnchen stammt von Litfins Schwiegertochter Rosel, die ihren Gästen eine solide Unterlage für den Bierkonsum anbieten wollte. Das Rezept hat sich nie verändert, genauso wenig wie die Atmosphäre. Nur der Name. Seit 1980 heißt das Gasthaus „Henne", doch nicht etwa nach der Mutter aller Brathähnchen, wie man vermuten würde, sondern nach Bernd Henne, der das Gasthaus damals übernahm.

TIPP Ideal für danach: ein Verdauungsspaziergang im begrünten „Luisenstädtischen Kanal" (siehe Glücksort Engelbecken).

Jetzt ist Angela Chefin und alles bleibt beim Alten. Man legt Wert auf Tradition und Kontinuität. Dabei ist kaum ein Wirtshaus mit der wandelvollen Stadtgeschichte so eng verbunden wie dieses, denn die Mauer zwischen Ost und West verlief nur fünf Meter entfernt, direkt hinter dem Haus. Es gibt ein Buch über die Geschichte mit vielen Schwarz-Weiß-Fotos. Eines zeigt Gäste der „Henne" vor dem Fernseher im Gastraum, dahinter im großen Fenster Bauarbeiter bei der Arbeit. Sie ziehen gerade die Mauer hoch. So alltäglich und harmlos wirkt die Szene, dass man kaum glauben kann, was sie bedeutete. Die Stammgäste waren plötzlich ausgesperrt. Abgeschnitten für Jahrzehnte. Es gibt auch Fotos, die den Mauerfall zeigen, das Glück der Wiedervereinigung. Jetzt essen wieder alle Berliner die köstlichen Brathähnchen, direkt aus der Hand, denn es gibt keine Messer, nur eine Gabel für Kartoffel- und Krautsalat.

Henne, Leuschnerdamm 25, 10999 Berlin-Kreuzberg, Tel. (0 30) 6 14 77 30
www.henne-berlin.de
ÖPNV: U1, U8, Haltestelle U Kottbusser Tor, U8, Haltestelle U Moritzplatz, Bus M29, Haltestelle Oranienplatz, Bus 147, Haltestelle Heinrich-Heine-Platz

Henne

schultheiss

Konrad Liffin

Alt-Berliner
Wirtshaus

Es war einmal ...

 ## Märchenbrunnen im Volkspark Friedrichshain

Die schönste Brunnenanlage aus der Kaiserzeit besitzt der Volkspark von Friedrichshain. Am sprudelnden Becken begegnen wir den Freunden unserer Kinderzeit. Da sind Rotkäppchen und der Wolf, Schneewittchen und die (sieben) Zwerge, der gestiefelte Kater und andere vertraute Figuren aus Grimms Märchen. Man muss gar nicht erst hineingehen in den Stadtwald und sich wie Hänsel und Gretel verirren, denn der Märchenbrunnen liegt vorne am westlichen Parkeingang, ein prachtvolles Entree. Ignaz Taschner hat die lebensgroßen Steinfiguren entworfen, die unsere Fantasie beflügeln und den besonderen Liebreiz der prächtigen Brunnenanlage ausmachen. Herrschaftlich wirkt die geschwungene Arkade am hinteren Rand, verziert mit fein gemeißelten Waldtieren und Wasserschalen in jedem Bogen.

Schon Ende des 19. Jahrhunderts gab es Pläne für den Bau eines Märchenbrunnens, doch Querelen um die Gestaltungshoheit und finanzielle Engpässe verzögerten die Umsetzung – alles wie heute. 1913, zum 25. Thronjubiläum von Wilhelm II., war es dann endlich so weit: Die neubarocke Anlage wurde eröffnet, ein Geschenk des Kaisers an die Kinder der Stadt. Auf den Steinbänken der seitlichen Mauern kann man wunderbar ausruhen und sich vom Rauschen des Wassers einlullen lassen, das über vier flache Kaskaden fällt. Darüber leuchten die Fontänen aus den Mäulern der Frösche; der größte ist – natürlich – der Froschkönig. Spaziergänger, Eltern mit Kindern und ganze Kindergartenklassen kommen vorbei und spielen das Spiel „Rate, wer bin ich?". Ein schlafendes Mädchen von Rosen umrankt. Na klar: Dornröschen. Aber wer sind die Geschwister, die auf den Entenrücken sitzen? Es macht Spaß, im Gedächtnis zu kramen und nach den Fäden der alten Geschichten zu suchen, ihren Rätseln und Verheißungen. Ein Spaziergang um den Märchenbrunnen ist wie ein Spaziergang durch die eigene Kindheit. Von Ostern bis Oktober sprudelt der Brunnen, dann verstummt er, und die Figuren werden eingehüllt, zum Schutz vor der Witterung, bis zum nächsten Frühling.

● **Märchenbrunnen im Volkspark Friedrichshain, Parkeingang Ecke Friedenstraße/Am Friedrichshain, 10249 Berlin-Friedrichshain**
● **ÖPNV: Tram M4, Bus 142, 200, Haltestelle Am Friedrichshain**

Der wahre Wert

33 Weinerei Forum – das Café für Weintrinker

Im „Weinerei Forum" können einem seltsame Dinge passieren, auch wenn man nicht zu tief ins Glas geschaut hat. Man steht an der Bar und nippt am Kaffee, da taucht plötzlich ein großer Mann neben einem auf, senkt grüßend den Kopf und beginnt zu deklamieren, eine Art ungereimtes Gedicht. Man hört verwundert zu und erhält zum Abschied einen Zettel mit dem Satz: „Dieser Text macht den Ort glücklich, an welchem er laut gelesen wird." Dann verschwindet der Dichter so plötzlich wie er erschienen ist. Berlin ist voller Überraschungen. In der Gegend rund um den Zionskirchplatz, wo die „Weinerei-Familie" zu Hause ist, sind viele (Lebens-)Künstler unterwegs und das „Forum", die Café-Weinbar aus der „Weinerei-Familie" ist ein beliebter Treffpunkt. Ein Ort mit Esprit, das erkennt man am entspannten Ambiente, den Bildern an den Wänden und den künstlerischen amorphen Gebilden, die wie fantastische Wolken unter der Decke schweben. Manche Gäste verbringen hier Stunden vor einer Tasse Tee oder einer Limonade, in eine Zeitung oder ein Gespräch vertieft.

Tagsüber ist das „Forum" ein gemütliches Kiez-Café, erst am Abend wird es zur Weinbar. Um 20 Uhr beginnt die gemeinschaftliche Weinprobe. Man mietet ein Probierglas für kleines Geld und verkostet an der Theke die feinsten Winzerweine, Rot und Weiß; die Auswahl variiert mit der Saison. Zwischendurch versorgt man sich am offenen Buffet, sofern man nicht zu spät kommt. Die Überraschung gibt's am Schluss: Man zahlt, was man für angemessen hält. Jeder stellt sich selbst die Rechnung. Wer Stil hat, lässt sich nicht bitten. Die meisten Gäste scheinen den Wert der Dinge zu kennen, auch ohne Preis, denn das mutige Konzept gibt es seit Jahren. Vertrauen ist alles. Ein schöner Gedanke, der den Zyniker Oscar Wilde zum Staunen brächte.

Zur Familie der „Weinerei" gehören auch die klassische Weinhandlung „Weinerei", die Weinbar „Perlin" und die Eventlocation „Edel & Faul", in der spannende, oft musikalische Weinreisen stattfinden.

▶ Weinerei Forum, Fehrbelliner Straße 57, 10119 Berlin-Mitte
www.weinerei.com/forum
▶ ÖPNV: U8, Tram M1, M5, M8, Bus 142, N40, Haltestelle U Rosenthaler Platz

Design mit Spaßfaktor

 Lifesmyle: *Analogfotografie und Designartikel*

Im Schaufenster hängt ein roter Leuchtkasten mit dem Wort „Lomography". Was das bedeutet, verstehen zumindest die Liebhaber analoger Fotografie, also Fotografen, Werber, Designer und Retrofans. Fotografieren – oder besser „lomografieren" – wie in den Siebzigern ist angesagt und auf manchen Partys der beliebteste Zeitvertreib. Kreative Schnappschüsse aus Sofortbildkameras in stylischem Retrolook. Herrlich unperfekte Papierfotos mit Weichzeichner und Vintageflair, zum Ablachen und Aufheben, authentisch und anfassbar. Bei „Lifesmyle" gibt's die professionelle Hardware in vielen Varianten, Kameras, Objektive, Taschen und Workshops. Doch nicht nur Analogfotografen geraten hier ins Schwärmen, denn das einstige Fotofachgeschäft hat sein Sortiment mit der Zeit vervielfacht. Inzwischen gibt es hier vieles, was auch Nichtfotografen gute Laune macht.

„Design, that makes your day" ist das Motto von „Lifesmyle". Gutes und witziges Design macht das Leben schöner, finden die Inhaber. Sie sind weltweit unterwegs, um nach ungesehenen und überraschenden Produkten Ausschau zu halten. Das wandhohe Regal mit den knallbunten Fächern wirkt wie ein riesiger Setzkasten, in dem originelle Einzelstücke ausgestellt werden: wie die „Gehirn-Leuchte", ein Lampenfuß mit einem leuchtend weißen Gehirn über der Glühbirne, oder der Topfuntersetzer aus Scrabble-Steinen. Vieles, was hier verkauft wird, bringt uns zum Lachen. Der Karottenschäler in Form eines überdimensionalen Bleistiftspitzers, das Fahrrad zum Pizzaschneiden und das Bettgestell für den Küchenschwamm – endlich mal eine richtige Ablage. Alles ist nützlich und witzig zugleich, wie die Spüllappen mit den lustigen Sprüchen oder das Holzbrett in Gitarrenform – für Käse oder Aufschnitt, auf jeden Fall ein ausgefallenes Mitbringsel für die nächste Party. „Lifesmyle" ist eine Mischung aus Designstudio und Kuriositätenkabinett. Ein herrlicher Ort zum Stöbern, Staunen und Spaßhaben.

TIPP **The District Six Store, Graefestraße 80 – südafrikanisches Design im trendigen Graefe-Kiez.**

Lifesmyle, Friedrichstraße 133, 10117 Berlin-Mitte, Tel. (0 30) 20 21 51 62
www.lifesmyle.jimdo.com
ÖPNV: U6, Tram 12, Haltestelle U Oranienburger Tor, Bus 147, Haltestelle Friedrichstraße/
Reinhardtstraße

Grandiose Kulisse

 35 *Der Gendarmenmarkt, Berlins historische Mitte*

Hier kann man Schönheit tanken wie an keinem anderen Ort in Berlin. Ein weiter Platz, ein geschlossenes Häuserkaree mit drei prachtvollen Gebäuden. In der Mitte das große Konzerthaus – ein klassizistisches Meisterwerk von Karl Friedrich Schinkel –, flankiert von imposanten Zwillingskirchen, dem Deutschen und dem Französischen Dom. Die geschäftige Friedrichstraße ist gleich dahinter und der belebte Checkpoint Charlie nur wenige Schritte entfernt. Doch der Gendarmenmarkt ist unerwartet still, besonders am frühen Vormittag, wenn die Stadtführer noch fern sind. Man fühlt die Musik hinter den Mauern, die Erhabenheit der Kunst und der Kirche, und die Hingabe an sie. Man spürt Geschichte und Andacht und – mit jenem Bedauern, das auch die Gleichgültigen manchmal spüren – die leisen Schritte der Säkularisierung. Während im ältesten Teil des Französischen Doms noch an jedem Sonn- und Feiertag Gottesdienst gefeiert wird, und zwar gleichzeitig in der Ober- und Unterkirche – oben in deutscher, unten in französischer Sprache, ist der Deutsche Dom seit langem ein Museum. Er war 200 Jahre lang eine protestantische Kirche, bevor er 1984 an den Staat übergeben wurde. Heute erklärt man uns hier die Entwicklung der parlamentarischen Demokratie und ihre Rolle in Deutschland und Europa. Eine Errungenschaft mit Tradition. Das tolerante Nebeneinander von Kirche und Staat hatte schon Kurfürst Friedrich Wilhelm von Brandenburg zur Staatsräson erhoben, als er 1685 im Edikt von Potsdam den verfolgten französischen Hugenotten die Türen öffnete. Damals entstand die schmucklose Friedrichstadtkirche, die Friedrich II. hundert Jahre später um einen Prachtbau erweiterte. Er war es auch, der die stolzen Kuppeltürme (Dome genannt) auf die Gotteshäuser setzen ließ. Sie schenkten den Kirchen die heutigen Namen und dem Platz die anmutige Symmetrie. Was für ein Ensemble!

Im Restaurant-Café „Refugium" (vom französischen Wort „refuge", Zuflucht) hält man inne und lässt die Ästhetik des Platzes auf sich wirken.

TIPP Kammermusik oder Sinfoniekonzert im klassizistischen Ambiente des Konzerthauses. Überwältigend!

⊙ Gendarmenmarkt, 10117 Berlin-Mitte
⊙ ÖPNV: U2, U6, Haltestelle U Stadtmitte, U6 oder Bus 147, Haltestelle U Französische Straße

Berliner Luft macht kreativ

 36 *Kunst aus Berlin in der Berlinischen Galerie*

Die Berliner Kunstwelt ist eine Entdeckung. Ehe man sich versieht, ist man mittendrin – schon bevor man die „Berlinische Galerie" überhaupt betritt, denn in dem großen, gelben Buchstaben-Feld auf dem Boden vor dem Eingang sind die Namen mehrerer Künstler versteckt. Vielleicht der von Jeanne Mammen? Sie ist eine der ersten Künstlerinnen der Moderne, die Frauen als starke, emanzipierte Persönlichkeiten darstellte, und eine der schillerndsten Frauen der jüngeren Kunstgeschichte, auch wenn sie der breiten Öffentlichkeit noch unbekannt ist. Jedes ihrer Bilder ist zugleich ein Gesellschaftsporträt. Schon für diese Begegnung lohnt sich der Spaziergang durch die „Berlinische Galerie".

Wir kennen und bewundern sie: die impressionistischen Landschaftsbilder von Max Liebermann, die satirischen Porträts und Kneipenszenen von Otto Dix, die ausdrucksstarken Bilder der Hannah Höch und die leichthändigen Milieustudien von Heinrich Zille, der in den grauen Hinterhöfen der Gründerzeitvillen seine Motive fand. In der Dauerausstellung der Berliner Galerie sind sie alle vertreten: die Maler, Grafiker, Zeichner und Fotografen, die die einst so provinzielle kaiserliche Residenz Berlin in wenigen Jahrzehnten an die Weltspitze der Kulturstädte katapultierten – neben die bisher tonangebenden Metropolen Paris und Wien. Hier wird die Entwicklung der modernen Kunst mit den Werken heimischer Künstler erzählt, bekannten und weniger bekannten. Eine Geschichte voll Aufruhr. Die Künstlergruppe „Berliner Secession" als empörte Reaktion auf die Nichtbeachtung und Verunglimpfung avantgardistischer Kunstbestrebungen, die DADA-Bewegung in Berlin als antibürgerlicher Protest, die „Neue Sachlichkeit" als Antwort auf eine industrialisierte urbane Lebenswelt. „Gefühl ist Privatsache", befand Bertolt Brecht, der Wahlberliner. Auch jede Kunstbetrachtung ist privat und persönlich. Nur der Künstler selbst sucht die Öffentlichkeit und wünscht sich ein Forum wie die „Berlinische Galerie". 150 Jahre Berliner Kunst.

TIPP In der Nähe: „Galerie König" - zeitgenössische Kunst in einer ehemaligen katholischen Kirche.

▶ Berlinische Galerie, Alte Jakobstraße 124–128, 10969 Berlin-Kreuzberg, Tel. (0 30) 78 90 26 00
www.berlinischegalerie.de
▶ ÖPNV: Bus 248, Haltestelle Jüdisches Museum, M29, Haltestelle Waldeckpark, U6, Haltestelle U Kochstraße/Checkpoint Charlie, U1, U6, Haltestelle U Hallesches Tor

Pool for you, Pasta für jeden

37 *Im Soho House – Privatclub, Restaurant, Store*

Das denkmalgeschützte Gebäude an der Straßenecke ist eine der belebtesten Adressen von Berlin, denn hier kreuzen sich zwei vierspurige Straßen, die Torstraße und die Prenzlauer Allee. Seit 2010 residiert in dem ehemaligen Exerzierhaus und späteren Kreditkaufhaus das Berliner „Soho House", eines von 14 Häusern weltweit. Wenn man im Sommer von der Straße aus die weißen Sonnenschirme auf dem Dach erblickt, denkt man sofort an ein exklusives Hotel. Ja, man kann hier wohnen und von der Poolliege den Blick auf den Fernsehturm genießen, aber nur, wenn man Mitglied ist. Das „Soho House" ist ein „Private Members Club" für Kreative aus den Bereichen Kunst, Musik, Film, Mode, Medien und Werbung. George Clooney und Madonna sollen hier absteigen. Hier treffen sich Galeristen und Agenturchefs mit ihren Kunden, aber auch Architekten und Anwälte mit künstlerischen Neigungen, sofern sie zwei Paten vorweisen können, die bereits zum weltweiten Kreis der „Soho House"-Insider gehören. Vielleicht kennt man auch jemanden, der als Einlader fungiert – fünf Gäste darf ein Mitglied mitbringen. Voranmeldung erwünscht.

Das „Soho House" versteht sich als eigener kosmopolitischer Kosmos. Die Gäste sind international und das Servicepersonal spricht Englisch. Man ist ja unter sich. Wer einmal in die Members Lounge aufgestiegen ist, kann verstehen, warum die Mitgliedschaft begehrt ist. Große Polstergarnituren und gedämpftes Licht verbreiten die behagliche Atmosphäre eines gepflegten britischen Gentlemen's Clubs, dazu gute Musik und gehobene kreative Küche. Auch Spa und Fitnessclub sind eine Augenweide. Bestimmt ein guter Ort, um Kontakte zu knüpfen. Kreativ sind wir schließlich alle auf die eine oder andere Weise. Vorerst lässt man sich auf einem der roten Ledersofas im „Cecconi's" nieder, dem italienischen Restaurant im Erdgeschoss, das auch für Nichtmitglieder offen ist. Ebenso der Concept Store auf der anderen Seite der Eingangshalle – ein großzügiges Shoppingparadies mit lässigem Loftflair.

Soho House Berlin, Torstraße 1, 10119 Berlin-Mitte, Tel. (0 30) 4 05 04 40
www.sohohouseberlin.com
ÖPNV: Tram M2, M8, Bus 142, 200, Haltestelle Mollstraße/Prenzlauer Allee

Baden wie in der Kaiserzeit

 ## Das Stadtbad Neukölln

Im Winter ist es in Berlin fühlbar kälter als beispielsweise im Ruhrgebiet. Wenn der Wind im Januar durch die Straßen fegt, wird es draußen ziemlich ungemütlich. An diesen Tagen wünscht man sich in die herrliche, warme Welt des Neuköllner Hallenbades, das einen mit der Pracht einer antiken Therme umfängt. Schon die alten Römer wussten um die wohltuende Wirkung des warmen Wassers und die Lust der Körper und Seele reinigenden Dampfbäder, aber auch um die Kraft der Schönheit und architektonischen Eleganz. Die Neuköllner wandeln auf ihren Spuren – unter majestätischen Gewölben, zwischen Travertinsäulen, Mosaiken und opulenten Galerien. Seit über hundert Jahren beglückt dieses Juwel unter den Berliner Bädern seine Besucher. Nichts für Sportler, die schnell ihre Bahnen absolvieren, sondern ein Traum für Schöngeister und Menschen mit Muße. Für Besucher, die sich die Zeit nehmen, in der Schönheit zu baden, mit einem wachen Blick für die lebensgroßen Bronze-Walrösser, die am Beckenrand sitzen und Wasser speien.

1914 wurde das Stadtbad in Neukölln eröffnet, mit zwei Schwimmhallen, eine für Männer und eine für Frauen, denn bis in die 20er-Jahre badeten beide Geschlechter streng getrennt, die Damen im züchtigen Badekostüm. Erst mit dem Ende der Monarchie lockerten sich die Sitten und die Familie ging gemeinsam ins Frei- und Hallenbad. Neben den Schwimmbecken besaß das Stadtbad Neukölln auch zahlreiche Dusch- und Wannenbäder, denn die Ärmeren hatten zu Hause kein Bad. Sie erledigten die Körperpflege in den städtischen Badeanstalten. Der Andrang war groß, denn 1925 verfügte nur jede vierte Berliner Wohnung über ein eigenes Bad, immerhin deutlich mehr als in anderen Großstädten. Der Dermatologe Oskar Lassar hatte bereits 1883 auf der Berliner Hygiene-Ausstellung das Volksbrausebad als wassersparende Lösung vorgestellt und 1899 die „Deutsche Gesellschaft für Volksbäder" gegründet. Der Badetempel in Neukölln gehört(e) zu den schönsten. Seine herrschaftliche Aura verzaubert auch im 21. Jahrhundert.

TIPP Das Stadtbad Oderberger am Prenzlauer Berg ist heute Teil eines Hotels, aber für jeden zugänglich.

Stadtbad Neukölln, Ganghoferstraße 3, 12043 Berlin-Neukölln, Tel. (0 30) 22 19 00 11
www.berlinerbaeder.de/baeder/stadtbad-neukoelln
ÖPNV: U7, Bus N7, Haltestelle U Karl-Marx-Straße, Bus 104, 166, Haltestelle Alfred-Scholz-Platz

Gegen den Mainstream

Kino Lichtblick und Wohnprojekt k77

Das Gebäude wirkt etwas heruntergekommen. Vielleicht liegt es an den abgerissenen Plakaten, dem schmutzigen Graugrün der Mauer und dem alten Holzrahmen der Eingangstür. Doch irgendwie passt der unkonventionelle Eindruck zu einem „Underdog"-Kino, in dem nicht-kommerziell ausgerichtete Arthouse-, Dokumentar- und Kurzfilme gezeigt werden. Ein Forum für Filmemacher. Der winzige Vorführraum umfasst nur 28 Sitze, gerade mal sieben Reihen mit je vier Plätzen. Eine intime, fast private Atmosphäre für Kenner und Liebhaber. Ins Kino „Lichtblick" geht man nicht (nur), um sich zu vergnügen. Man engagiert sich. Das war schon immer so. 1992 wurde die Kastanienallee 77 von Aktivisten besetzt, getarnt als „Kunstaktion" zur Erhaltung des ältesten Hauses am „Prenzlberg", in Wahrheit der verzweifelte Versuch, das heruntergekommene und seit Jahren leerstehende Gebäude vor den Abrisshämmern oder dem Zugriff der Immobilienhaie zu retten. Mit Erfolg. Damals begann, was die Kastanienallee 77 noch heute prägt: Zusammenhalt und gemeinschaftliches Leben. Dem Kollektiv „k77" gehören neben dem Kino „Lichtblick" auch Wohnungen, Studios und Werkstätten. Hier kann man töpfern und tanzen, Yoga und Naturheilkunde praktizieren. Und sich mit effektvollen Aktionen dafür einsetzen, dass Berlin für alle lebenswert bleibt. Wie dem Riesenplakat an der Fassade. „Chestnut Paradise Quartier. Luxus Townhouse mit Urban City Landhauscharme!" steht darauf in großen Lettern, darüber die Zeichnung eines Hauses, das man unschwer als das erkennt, vor dem man gerade steht. „Entspanntes Garden-Living. International-Fusion-Cuisine mit All-Inclusive Catering. Home-Spa mit Badelandschaft …" und so fort. Die Anzahl der Luxusfeatures macht schwindlig – und erschreckt: Auch hier soll kernsaniert werden. Upgrading heißt höhere Mieten. Unerschwinglich für die meisten. Dann die Erlösung: Alles Fake. Das Plakat ist eine ironische Parodie auf viele Berliner Sanierungsprojekte. Hier bleibt alles beim Alten. Welch ein Glück!

TIPP Kino „Capitol" in einer Dahlemer Jugendstilvilla; hier wurden im Dritten Reich die Filme zensiert.

Lichtblick, Kastanienallee 77, 10435 Berlin-Prenzlauer Berg, Tel. (0 30) 44 05 81 79
www.lichtblick-kino.org
ÖPNV: Bus N2, Haltestelle Sredzkistraße

Frühstück ist die beste Medizin

 ORA – Brasserie in der Oranien-Apotheke

Wenn es von einem Restaurant heißt: „Das ist eine richtige Apotheke", meint man landläufig, dass es ziemlich teuer ist, zu teuer jedenfalls. Das ist bei der Brasserie ORA nicht der Fall, ganz im Gegenteil, und doch ist es buchstäblich eine Apotheke. „Oranien-Apotheke" steht in großen Buchstaben über den Fenstern des grauen Gebäudes, gewichtig und ernsthaft, wie es der medizinische Anspruch verlangt. Das rote „A" im Leuchtkasten fehlt, vielleicht kommt deshalb keiner vorbei, um nach Kopfschmerztabletten zu fragen – oder, weil an der Hauswand Tische und Stühle stehen. Der Eingang befindet sich an der Ecke, wo der Erkelenzdamm den Oranienplatz trifft. Man geht die Steinstufen hinauf und betritt das 19. Jahrhundert.

Herrliche Apothekerschränke, aus dunklem Holz gefertigt, unter einer hohen Stuckdecke. In den zahllosen Fächern stehen Flaschen, Tiegel und Töpfe mit lateinischer Aufschrift, so säuberlich aufgereiht, als habe der Apotheker den Raum gerade erst verlassen. Vor der Theke eine Reihe Barhocker, auf dem Tisch dahinter ein paar Tassen und Teller, ansonsten

TIPP Abends verwandelt sich das ORA in eine lebhafte Bar.

ist nichts verändert, die Originaleinrichtung in ihrer ganzen Schönheit erhalten. Eröffnung 1860. Wenig wurde hinzugefügt, das Wenige mit viel Bedacht. An den Wänden hängen alte Fotos und Schriftstücke, nur die prachtvollen Blumen sind frisch arrangiert, wie die Croissants und Kuchen in der Glasvitrine. Auch Tische und Stühle und die schwarz gepolsterten Lederbänke unter den Fenstern und an der Stirnwand des langen, hellen Raums vermitteln das Flair der alten Zeit. Fontane könnte am Nebentisch sitzen; er war selbst Apotheker. Am Wochenende sollte man vor 11 Uhr eintreffen, um Chancen auf einen Platz zu haben, denn das Frühstück ist so umwerfend wie die Einrichtung. Geröstetes Sauerteigbrot mit dick Butter, knusprig ausgebratenem Speck und auf den Punkt gegartem Rührei, ein Gedicht. Die Karte ist kurz, die Küche vorzüglich. Bei warmem Wetter sitzt man draußen, mit Blick ins Grüne. Besser kann man den Tag nicht beginnen.

ORA, Oranienplatz 14, 10999 Berlin-Kreuzberg
ora-berlin.de
ÖPNV: Bus M29, N8, Haltestelle Oranienplatz, U1, U8, Haltestelle U Kottbusser Tor, U8, Haltestelle U Moritzplatz

Spielplatz für Botaniker

 41 *Prinzessinnengärten – Treffpunkt und Lernort*

Beim Wort Prinzessin denkt man an Rosenbüsche und geharkte Wege, doch der Garten in der Ecke des großen Kreisverkehrs am Moritzplatz wirkt ziemlich wild. Hinter dem dicht bewachsenen Zaun mit dem pinkfarbenen Schild „Prinzessinnengärten" verbirgt sich eine Mischung aus Schrebergarten und Abenteuerspielplatz für Erwachsene. Zwischen Bäumen, Büschen und Sträuchern entdeckt man Wohncontainer mit Küche und Bar, Hochbeete in aufgestapelten Bierkästen, Kräutertöpfe in Obstschalen und aufgeschnittenen Plastikflaschen. Was sonst entsorgt wird, wird hier genutzt. Am Morgen eines normalen Werktags ist kaum jemand da, nur eine kleine Gärtnergruppe bespricht, was zu tun ist. Gießen, säen, pflanzen, ernten. Das Dickicht der Pflanztöpfe entpuppt sich bei näherem Hinsehen als Naturparadies für seltene Sorten. Die gibt es nicht im Gemüseladen an der Ecke.

Der Schutz der Biodiversität ist ein erklärtes Ziel der betreibenden gemeinnützigen GmbH „Nomadisch Grün". Klasse statt Masse, ökologischer Anbau und gemeinsames Engagement. Die täglichen Pflichten übernimmt ein festes Team, doch jeder darf mitmachen, beim Umsorgen der Pflanzen oder beim täglichen Freizeitprogramm. Um 12 Uhr öffnet das Gartencafé. Am Wochenende sind Kurse im Angebot: Kräuterkunde, Gemüsevielfalt und „wesensgemäße Bienenhaltung", Anmeldung online. Die „Prinzessinnengärten" sind Gemeinschafts- und Mitmachprojekte, ob Nutzgarten, Gartenkino oder Fahrradwerkstatt. Eine glückliche Verbindung von Nachhaltigkeit und lebendiger Nachbarschaft.

TIPP Im Winter ruhen die Prinzessinnengärten. Mehr grüne Ideen auf www.openberlin.org.

Die Philosophie des urbanen Stadtgartens als Treffpunkt und Lernort begeistert viele. Der „Prinzessinnengarten" hat zahlreiche Ableger, nicht nur in Berlin. Über 140 Projekte sind es inzwischen, vom Kindergarten bis zur Kultureinrichtung. Viele entstehen nur vorübergehend auf städtischen Freiflächen. Mal sehen, wie lange es den „Gartentreff" am Moritzplatz noch geben wird. Der Pachtvertrag läuft Ende 2018 aus. Schon möglich, dass die mobilen Stapelbeete weiterziehen. Wie Samenkörner im Wind.

○ Prinzessinnengärten, Prinzenstraße 35–38, 10969 Berlin-Kreuzberg
prinzessinnengarten.net
○ ÖPNV: U8, Haltestelle U Moritzplatz

Waffeln im Wohnzimmer

42 *Das Café Kauf Dich Glücklich in Prenzlauer Berg*

Natürlich wissen wir alle, dass man Glück nicht kaufen kann, aber zugeben, ein bisschen glücklich kann uns ein gelungener Einkauf schon machen. Sei es das Kleid, das einem so unerwartet gut steht und das Selbstbewusstsein steigert, das Buch vom Flohmarkt, das an die erste Jugendliebe erinnert, oder die knusprige Waffel mit Puderzucker, die einem gleich das dunkelblaue T-Shirt bestäuben wird. Die kleinen Glücksmomente machen den schönen Tag aus und heben die Stimmung. Das ungefähr müssen die Macher von „Kauf Dich Glücklich" im Kopf gehabt haben, als sie ihr erstes Geschäft aus der Taufe hoben. Inzwischen gibt es allein in Berlin vier Orte mit dem vielversprechenden Namen, alle mit verspielt und entspannt wirkendem Interieur und wie zufällig zusammengewürfeltem Mobiliar.

Das „Kauf Dich Glücklich"-Café in Prenzlauer Berg ist besonders warm und familiär. Wahrscheinlich hat man deshalb den Eindruck, es gäbe hier mehr Schwangere, Babys und Kleinkinder als in anderen Berliner Cafés. Es heißt ja, die Geburtenrate in „Prenzlberg" sei höher als in anderen Berliner Stadtvierteln, ein Gerücht, das sich hartnäckig hält, auch wenn es sich nicht beweisen lässt. Die jungen Familien sind einfach präsenter im Straßenbild. Das Lächeln, mit dem sich die junge Mutter über ihr Baby beugt, spiegelt das Lebensglück einer modernen Wohlfühlgesellschaft, in der sich auch Väter für Kitas und Klassenfahrten engagieren.

TIPP *Mit dem Café in der Oderberger Straße fing es an. „Kauf Dich Glücklich" basiert auf Waffeln und Eis.*

Das „Kauf Dich Glücklich"-Café hat die passende Atmosphäre, eine frische Behaglichkeit, in der man sich aufgehoben fühlt. Gemütliche Sitzgruppen mit bequemen, knautschigen Ledersofas, warmes Holz und weiche Stoffe. Ein Wohnzimmer zum Kuscheln, ein bisschen wie zu Hause. Im „Kauf Dich Glücklich"-Café in der Oderberger Straße kauft man nur das, was man vor Ort genießen kann, ein Geschäft gibt es nicht wie an den anderen drei Berliner Adressen, wo man Mode, Designartikel, Kosmetik und Wohnaccessoires erstehen kann. Hier geht das Glück ganz einfach durch den Magen.

○ **Kauf Dich Glücklich Café, Oderberger Straße 44, 10435 Berlin-Prenzlauer Berg, Tel. (0 30) 48 62 32 92, www.kaufdichgluecklich-shop.de/berlin**
○ **ÖPNV: U2, Tram 12, M1, M10, Bus N2, Haltestelle U Eberswalder Straße, M10, Haltestelle Friedrich-Ludwig-Jahn-Sportpark**

Porzellan zum Anbeißen

43 *Manufaktur und Ladenatelier feinesweißes*

In der Mitte des Schaufensters ein kunstvoll geschichteter Hügel aus Baiser-Wolken zwischen filigranem schneeweißen Geschirr. Schon auf den ersten Blick ist klar: Was hier präsentiert wird, ist keine Dutzendware, sondern handgefertigtes Porzellan. Jeder Teller ist ein Einzelstück. Man betritt den Laden und wird verzaubert. Zarte Halbkugeln mit anmutig gezacktem Rand, innen transparent glasiert, außen matt, zerbrechlich wie Eierschalen. Ganz vorsichtig nimmt man die Schale in die Hand, um sie genauer zu betrachten. Im Inneren, in der Mitte des Bodens, steht in Goldschrift ein kleines Wort: Glück. Jetzt muss man sie mitnehmen, ein wundervolles Behältnis für alles, was kostbar ist. Es gibt viel zu entdecken: Vasen, Trinkbecher, Kerzenhalter, Seifenschalen und Windlichter. Alles in Weiß, jedes Stück besonders. Einziger Farbtupfer sind die bunten „Macarons" auf den zarten, unregelmäßig geschwungenen Platten der Etageren. Man kann sie einzeln wählen und sich die dekorative Pyramide nach eigenem Geschmack zusammenstellen. Ein wunderschönes Mitbringsel „made in Berlin".

TIPP Sternstunden unter der Hightech-Kuppel im Zeiss-Großplanetarium, Prenzlauer Allee 80.

An der Wand weckt ein Bild aus Licht und Schatten die Aufmerksamkeit: ein Lampenschirm als flüchtige Projektion. Hier ist ein Künstlerpaar am Werk: Katy Jung und Martin Neuhaus. Sie gestaltet Porzellan, er experimentiert mit Lichtobjekten. Die beiden studierten Diplomdesigner sind sich im Rahmen einer Messe begegnet. Dann lockte Berlin, die kreative Hauptstadt. Hier, im Ladenatelier am Helmholtzplatz, befindet sich auch Katy Jungs Werkstatt. Man kann zusehen, wie alles von Hand entsteht. Die Künstlerin hat schon mit Holz und Glas gearbeitet, aber Porzellan ist ihre Leidenschaft. Bis zu zwölf Arbeitsschritte braucht es, bevor sie das fertige Stück in Händen hält: einen schlichten Becher mit zart umlaufender Goldlinie, ein weißes Kleeblatt mit dem schönen, von Hand geprägten Wort „Glück" oder ein halbes Dutzend fragiler Schmetterlinge, gehalten von winzigen Magneten, damit sie nicht davonfliegen.

feinesweißes, Lychener Straße 51, 10437 Berlin-Prenzlauer Berg, Tel. (0 30) 92 25 57 14 oder (01 74) 6 38 40 08 www.feinesweisses.de
ÖPNV: U2, Haltestelle U Eberswalder Straße, U2, S8, S9, S41, S42, S85, Haltestelle S+U Schönhauser Allee

Mekka für Müllvermeider

 Alles selbst abfüllen im Original Unverpackt

Es ist nicht das erste und nicht das einzige Geschäft in Deutschland, das die Müllvermeidung zu seiner Geschäftsidee und Mission gemacht hat, aber es ist das, was am meisten Furore macht. Kein anderer Lebensmittelladen hat der „Zero Waste"-Bewegung so viel Auftrieb gegeben wie „Original Unverpackt" in Berlin-Kreuzberg. Nicht nur die Medien haben applaudiert, von FAZ und Spiegel über RTL bis Huffington Post, sondern auch die Käufer. Ein Glücksfall, denn als bequemer Supermarktkunde muss man sich hier ganz schön umstellen. Mal eben mit der Rechten telefonieren und mit der Linken die Müslischachtel aus dem Regal greifen, geht nicht. Es braucht zwei Hände und volle Aufmerksamkeit, um sich zu bedienen.

Wer zum ersten Mal kommt, steht eher unschlüssig vor den großen Behältern, in denen sich Reis, Nudeln, Bohnen, Tee, Gewürze, Marmelade, Haferflocken und Co befinden. Alles zum Selbstabfüllen, wie früher am Kaugummiautomaten. Das kommt einem irgendwie altmodisch vor und ist doch gleichzeitig hochaktuell und zukunftsweisend. Weniger Verpackung heißt weniger Müll. Besonders für kleine Haushalte ist die Selbstbedienung von Vorteil, weil man die Einkaufsmenge dem geringeren Bedarf anpassen kann. Also weniger Reste gleich weniger Verschwendung. Jeder Einkauf muss genau überlegt sein. Was und wie viel brauche ich? Wie nehme ich es mit? Man kann die passenden Dosen, Schachteln und Tüten selbst mitbringen oder vor Ort erwerben. Ökologisch und wiederverwendbar müssen sie sein, wie die Box aus schadstofffreiem, lebensmittelechtem Edelstahl, die es im Laden zu kaufen gibt. Über 500 Produkte hat der moderne Tante-Emma-Laden inzwischen im Angebot, auch Naturkosmetik und Bioreinigungsmittel. Er residiert im Raum einer früheren Metzgerei, geschmückt mit blau-weißen Fliesen und einer Prise Nostalgie. Im „Original Unverpackt" kauft man aus Überzeugung und mit dem guten Gefühl, durch einen kleinen Verzicht auf Bequemlichkeit einen eigenen Beitrag zum Wohl unseres Planeten zu leisten.

TIPP Großer Ökomarkt auf dem Chamissoplatz in Kreuzberg an jedem Samstag.

Original Unverpackt, Wiener Straße 16, 10999 Berlin-Kreuzberg
shop.original-unverpackt.de
ÖPNV: Bus M29, Haltestelle Spreewaldplatz, U1, Bus M29, N1, Haltestelle U Görlitzer Bahnhof

Ein Käfer auf der Kuppel

 45 *Dachgarten-Restaurant Käfer im Reichstag*

Es gab eine Zeit, da konnte man sogar zu Messezeiten (wenn Berlin notorisch ausgebucht ist) ohne Personenkontrolle und Schlange in den Reichstag hineinlaufen und einfach mit dem Aufzug nach oben fahren. Kaum vorstellbar! Heute muss man sich 24 Stunden im Voraus mit (Vor- und Zu-)Namen und Geburtsdatum anmelden und den Personalausweis mitbringen, um dem Sicherheitscheck zu genügen. In jedem Fall muss man sich wie am Flughafen durchleuchten lassen, bis man zum gläsernen Olymp aufsteigen kann. Natürlich macht das jeder, der zum ersten Mal nach Berlin kommt, denn das Reichstagsgebäude ist eine Ikone der Architektur und ein weltweit bekanntes Wahrzeichen Berlins, spätestens seit Verpackungskünstler Christo es plakativ umhüllt und zum Kunstobjekt erhöht hat.

Der Architekt Sir Norman Foster hat die gläserne Halbkugel auf den historischen Komplex gesetzt; sie überwölbt den zentralen Plenarsaal. Von oben schaut man hinein, Sinnbild für transparente, offene Kommunikation. Stundenlang könnte man als Besucher über die Rampen flanieren, die spiralförmig an der Glaskuppel entlangführen.

TIPP *Mit dem Ausflugsschiff das Regierungsviertel erkunden!*

Der spiegelbesetzte Trichter (Konus) in der Mitte birgt die Technik für die Steuerung der Sonneneinstrahlung, Beschattung und Entlüftung. Die Schönheit der Architektur ist überwältigend, und erst recht der Ausblick auf Bundeskanzleramt, Brandenburger Tor und Tiergarten. Wer den Genuss verdoppeln und die Anmeldung vereinfachen will, verbindet den Kuppel-Rundgang mit einem Essen im Restaurant „Käfer". Auf dem Dach des Reichstags wird deutsche Küche serviert: Frühstück, Mittag- und Abendessen, am Nachmittag auch Kaffee und Kuchen. Natürlich nicht ganz billig an diesem einmaligen Ort. Das Ambiente ist modern und zurückhaltend. Die Highlights sind vor dem Fenster.

An grauen Tagen ist es am Abend besonders schön, wenn am Horizont die Lichter der Großstadt funkeln. Bis 22 Uhr ist Einlass, der Reichstag schließt um Mitternacht.

🔴 Käfer im Deutschen Bundestag, Platz der Republik 1, 11011 Berlin-Tiergarten, Tel. (0 30) 2 26 29 90
www.feinkost-kaefer.de/berlin
🔴 ÖPNV: U55, S1, S2, S25, S26, Haltestelle U+S Brandenburger Tor, Bus 100,
Haltestelle Reichstag/Bundestag

Kreuzberg reloaded

46 *Das Sage – Fabrikrestaurant mit Strandbar*

Ibiza-Feeling mitten in Kreuzberg. Der Beachclub mit Spreeblick, Grill und Strandbar hat das „Sage" populär gemacht. Hier wird gern ausgiebig gefeiert, nicht nur an lauen Sommertagen. Zum Glück läuft der Pachtvertrag noch ein paar Jahre und schützt das schöne Uferstück vor der Bauwut der Investoren. Der perfekte Ort zum Entspannen. Nach dem Bürotag oder dem Shoppen im Zalando Outlet Store (im gleichen Gebäudekomplex) lässt man sich in einen Liegestuhl fallen, nippt am Drink und genießt die Lounge-Musik, die sich manchmal mit dem Tuckern der Lastkähne mischt.

Auch Liebhaber alter Autos schauen gern im „Sage" vorbei. Ein oder zwei Luxuskarossen stehen immer neben dem Eingang. Platz gibt es genug im Hof vor dem großen Fabrikgebäude, in dem das „Sage" seine Gäste empfängt. Hier ist alles besonders und gar nichts Standard: Loftatmosphäre gespickt mit Designobjekten. Hohe Fenster, ein langgestreckter Raum, vorne Symphonie in Weiß, hinten lange Bänke an großen Tischen, nichts für das romantische Tête-à-Tête, aber perfekt, um (Geschäfts-)Freunde zu beeindrucken. Zum Essen gibt's Pasta und Pizza, aber auch Klassiker der Weltküche und mehrgängige Überraschungsmenüs, für alle, die sich etwas leisten wollen. Im „Sage" ist Berlin nicht alternativ und abgedreht, sondern schick und „stylisch". (In der gleichen Liga spielt das benachbarte Restaurant „Spindler & Klatt", mit schwimmender Spreeterrasse, aber ohne Sandstrand.) Wie die Speicherstadt in Hamburg sind auch die Lagerhäuser an der Spree zu historischen Vorzeigebauten mutiert. In den traditionsreichen Backsteinbauten verbinden sich Stadtgeschichte und lokale Identität aufs Schönste mit den Ansprüchen moderner Lebens- und Arbeitswelten, Industriecharme mit künstlerischem Ambiente. Der Name des Unternehmens geht auf das französische Wort für „Salbei" zurück, eine Heilpflanze, die gut tut, wie die Stunden im „Sage". Im Winter im bequemen Ledersofa vor dem prasselnden Kaminfeuer, im Sommer auf dem warmen Sand am Spreeufer.

TIPP In der Köpenicker Straße 76 lädt der „Sage Club" jeden Donnerstag zu Livekonzerten.

⊙ Sage, Köpenicker Straße 18–20, 10997 Berlin-Kreuzberg, Tel. (0 30) 7 55 49 40 71
www.sage-restaurant.de
⊙ ÖPNV: Bus 140, 165, 265, N65, Haltestelle Manteuffelstraße/Köpenicker Straße, U1, Haltestelle U Schlesisches Tor

Street Food Thursday

 47 *Weltküche in Kreuzberg in Markthalle Neun*

Am Donnerstagabend lässt es die Markthalle Neun richtig krachen. All-wöchentlich steigt hier ein regelrechtes Street-Food-Festival. An langen Biertischen wird gemeinsam getafelt und wer nach 19 Uhr kommt, kann von Glück sagen, wenn er einen Platz findet. Da gibt es Berliner Buletten, Rindfleisch aus dem Räucherofen, Fisch aus der Nordsee, sizilianische Pasta, Wurst und Käse aus den österreichischen Alpen, türkische Meze und andere Spezialitäten. Ein Fest für die Sinne.

Das hohe, lichte Gebäude ist eine von 14 Berliner Markthallen, die Ende des 19. Jahrhunderts errichtet wurden, um Marktleute und Kunden vor Wind und Wetter zu schützen. Ein Jahrhundert später war es mit dem romantischen Markttreiben in Kreuzberg vorbei. Große Einzelhandels-ketten begannen sich in der Halle breitzumachen und die Kleinanbieter zu verdrängen. Das Marktflair verschwand, die Besucher blieben aus und ein Abriss des stolzen Gebäudes stand im Raum. Im Herbst 2011 kam die Rettung in Gestalt von drei Privatleuten und ihrem überzeu-genden Konzept: die historische Markthalle als Mittelpunkt des Kreuz-berger Kiez neu zu beleben. Vielfältig und weltoffen wie nie zuvor. Heute findet man unter dem hohen Dach alles, was der Genussmensch braucht. Heimische und exotische Produkte, individuelle Spezialitäten mit persönlicher Handschrift, keine Massenware. Man kann den Bäckern und Metzgern bei der Arbeit zusehen, Feinkost und Design aus Japan kaufen, Wildhonig aus Griechenland oder Apfelweine aus der Uckermark, der „Toskana des Nordens". Samstags sind Angebot und Andrang be-sonders groß. Dann präsentieren sich Landwirte aus der Region in der Markthalle und Berliner Originale wie der Neuseeländer Simon Ellery, der deutsche Bratwurst mit englischem Cheddar und mexikanischen Jalapeños mixt. Passend zum kosmopolitischen Publikum dieser welt-offenen Stadt. Und noch eine gute Nachricht für alle, die das „Brunchen" lieben: An jedem dritten Sonntag im Monat wird in der Markthalle Neun ganztägig gefrühstückt.

TIPP **Wer nach Moabit kommt, sollte mal in der „Arminiusmarkthalle" vorbeischauen.**

⦿ **Markthalle Neun, Eisenbahnstraße 42/43, 10997 Berlin-Kreuzberg, Tel. (0 30) 61 07 34 73**
www.markthalleneun.de
⦿ **ÖPNV: U1, Haltestelle U Görlitzer Bahnhof, Bus 140, Haltestelle Wrangelstraße**

Eine Welt für sich

 48 *Der Holzmarkt, ein Kreativdorf am Spreeufer*

Sie ist wieder da! Die legendäre „Bar 25" ist auferstanden, in neuer Gestalt und mit neuem Namen: „Holzmarkt" heißt die schillernde In-Location jetzt, die ganz anders ist als alle anderen Szeneplätze der Hauptstadt und sich in kein Raster pressen lässt. Der Ursprung: ein aus Holzresten und Sperrmüll erbauter Techno-Club auf einem brachliegenden Grundstück direkt an der Spree, eine improvisierte „Zwischennutzung", die sich schnell zum Dauerbrenner entwickelte. Jahrelang gab es hinter dem Bretterzaun die wildesten Partys, dann war plötzlich Schluss; das Grundstück sollte verkauft werden, nicht unerwartet, doch unvorstellbar. Als Ende Oktober 2009 die Lichter ausgingen, ging auch eine Ära zu Ende. Dann endlich, im Frühjahr 2017, die Wiedergeburt in neuer Gestalt, belebt und vergrößert. Ein Kreativdorf für Menschen mit Fantasie, Treffpunkt für Künstler und Lebenskünstler, Hausbesetzer und Hausbesitzer, Nonkonformisten und Neugierige – diese herrlich bunte Mischung, die Berlin ausmacht.

Das riesige Gelände zwischen dem Club „Kater Blau" und der Strandbar

TIPP An der Spree und der „East Side Gallery" entlang zur fotogenen Oberbaumbrücke spazieren.

„Pampa" ist ein verrückter Mix aus Gebäuden, Baustilen und Aktivitäten, eine ungezähmte Architektur, die keinen Regeln folgt, mit verschachtelten Häusern, roh zusammengezimmerten Buden, haushohen Graffitis, großen Freiflächen – dem Marktplatz – und lauschigen Terrassen.

Der „Holzmarkt" ist gleichzeitig Bar, Restaurant, Café, Pâtisserie, Weinhandlung, Kita, Spielplatz, Eventlounge, Musikstudio, Artistenhalle, Coworking-Place und Disco. Eine eigene, freie, inspirierende Welt, immer im Wandel und niemals ganz fertig. Dazu haben die Macher viel zu viele Ideen. Die Besucher dürfen sich treiben lassen, in der „Pampa" am Flussufer träumen und lesen, im „Katerschmaus" an Biertischen schlemmen und im „Kater Blau" die Nacht zum Tag machen. Auf der Spree ziehen die Schiffe vorbei, und wer Glück hat, kann am Biberausstieg einen kleinen braunen Nager ins Wasser schlüpfen sehen. Auch die Biber fühlen sich im „Holzmarkt" rundum wohl.

● Holzmarkt, Holzmarktstraße 25, 10243 Berlin-Friedrichshain, Tel. (0 30) 47 36 16 86
www.holzmarkt.com
● ÖPNV: Bus 248, N40, Haltestelle Lichtenberger Straße, U8, S7, Bus 248, N40, N65, N8, Haltestelle S+U Jannowitzbrücke

Das Beste aus zwei Welten

49 *Hallesches Haus – General Store und Bistro-Café*

Im Torbogen steht ein aus Latten gezimmerter Baum wie ein alternatives Kunstobjekt. Dahinter ein langer, schmaler Außenbereich, einst ein trister Hinterhof, jetzt eine begrünte Terrasse mit Holzboden, Gartenmöbeln, Pflanztöpfen und Sonnensegeln. Ein entspannter Ort für moderne Hedonisten. Zwei Eisentreppen führen ins Haus, einen großen, unterteilten Raum mit hoher Decke. Vorne der „General Store" genannte Ladenbereich, in der Mitte Küche und Theke, hinten Bistro-Café und Raum fürs Homeoffice. Man kann sich hier niederlassen und arbeiten wie in einem privaten Büro. Mit Laptop und Smartphone ist man autark. Schöne neue Welt!

Zwischendurch tankt man mit dem „Ultra Green Bowl" Vitamine oder greift zum herzhaften „Ploughmans Board": geräucherter Schinken, Käse, Pickles und Sauerteigbrot. Speisekarte und Webseite sind überraschenderweise rein englisch, nicht etwa zweisprachig. Die Inhaber sind Expats: Ein Engländer und zwei Amerikanerinnen haben dem Halleschen Haus das jetzige Gesicht und die neue Bestimmung gegeben; zuvor war es ein Nachtclub, am Anfang eine Behörde. Das imposante, denkmalgeschützte Gebäude mit der roten Ziegelfassade und den schmucken Scheingiebeln wurde 1902 als „Altes Postamt SW 61" eröffnet. Ein stattlicher Rahmen für Pakete und Briefmarken, aber um die Jahrhundertwende residierten alle öffentlichen Behörden in solch repräsentativen Hallen.

TIPP Voo Store, cooler Concept Store in Kreuzberg, Oranienstraße 24. Exklusives Understatement.

Schöne alte Welt!

Heute reißen sich Designer und Kreativagenturen um diese Räumlichkeiten. Jetzt liegen Lifestyle- und Einrichtungsartikel hinter den großen neugotischen Spitzbogenfenstern. Vasen, Kerzen, Teppiche und Keramik, Kosmetikartikel, Schmuck, Brillen und vieles, was man spontan mitnehmen könnte, für sich und andere. Aber ins „Hallesche Haus" geht man nicht unbedingt für gezielte Einkäufe, man lässt sich überraschen. Man genießt die lässige Atmosphäre, das Gefühl einer positiven Work-Life-Balance und die gelungene Symbiose aus historischem Flair und heutigem Lebensgefühl.

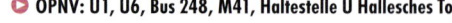

🔴 **Hallesches Haus, Tempelhofer Ufer 1, 10961 Berlin-Kreuzberg**
www.hallescheshaus.com
🔴 **ÖPNV: U1, U6, Bus 248, M41, Haltestelle U Hallesches Tor**

Musiktheater mit Chuzpe

50 *Komische Oper – kleine Schwester der Staatsoper*

Im Vergleich zu ihrer „großen Schwester", der Staatsoper, ist die Komische Oper kein Blickfang. Zumindest auf den ersten Blick. Aber wer die Märchen kennt, weiß ja, dass im hässlichen Entlein der Schwan steckt und die unscheinbare kleine Schwester den Prinzen kriegt. So ähnlich verhält es sich mit der Komischen Oper; sie überrascht in vielerlei Hinsicht. Von außen betrachtet wirkt das schlichte Gebäude nicht sonderlich reizvoll, aber kaum hat man das moderne Foyer durchschritten und die großen Freitreppen vor Augen, die zu den Rängen führen, befindet man sich in der betörenden Welt des Theaters. Und erst der Zuschauerraum: ein großer, fast kreisrunder und verschwenderisch ausgestatteter Saal, romantische Logen mit Samtvorhängen, prachtvoll geschwungene Ränge mit roten Samtsesseln, malerischer Figurenschmuck. Die ganze Fülle des (Neo-)Barock. So würde sich ein Kind ein Musiktheater vorstellen!

Seit der Gründung 1947 steht die „Komische Oper Berlin" für packendes Musiktheater. Komisch muss die Aufführung dafür nicht unbedingt sein. Der Begriff „Komische Oper" geht auf die französische „Opéra comique"

TIPP Schon von der Neuköllner Oper gehört? Das kleinste Berliner Opernhaus setzt ganz auf junge Werke.

zurück, das volksnahe Gegenstück zur dramatischen italienischen Hofoper. Im Berlin von heute heißt das: intelligente, fantasievolle und atemberaubende Produktionen. Von der Barockoper bis zum Musical-Meisterwerk. Mozart ist hier jung, frech und anders, wie in der gefeierten Aufführung der „Zauberflöte" von Intendant Barrie Kosky und der britischen Theatergruppe „1927", eine grandiose, von Kreativität und Humor sprühende Mischung aus Oper, Stumm- und Zeichentrickfilm, die inzwischen weltweit die Menschen begeistert. Auch der Musicalklassiker „West Side Story" kommt in der Komischen Oper faszinierend pur und neu auf die Bühne, mit großem Orchester. Und ganz nebenbei verschafft Kosky der Berliner Jazzoperette eine Renaissance und bringt mit Werken wie „Ball im Savoy" das Flair der 20er-Jahre zurück nach Berlin. Der Spielplan macht süchtig. Danke, Barrie Kosky!

Komische Oper Berlin, Behrenstraße 55–57, 10117 Berlin-Mitte, Tel. (0 30) 47 99 74 00
www.komische-oper-berlin.de
ÖPNV: U6, Bus 147, Haltestelle U Französische Straße

Parkdeck mit Dachgarten

51 *Der Klunkerkranich auf den Neukölln Arcaden*

Von der Karl-Marx-Straße aus betrachtet, ist der Dachgarten unsichtbar. Am Spätnachmittag herrscht hier unten geschäftiges Treiben, eine kosmopolitische Atmosphäre mit einem Hauch von Istanbul. Nichts deutet auf die Oase im 6. Stock. Dann betritt man das Einkaufszentrum, Eingang Bibliothek/Post, und fährt mit dem Aufzug nach oben. Alle haben das gleiche Ziel: Parkdeck 5, „Klunkerkranich". Das Stimmengewirr ist international. Zuerst kamen die Neuköllner, dann die Kreuzberger, jetzt die Touristen. Seit fünf Jahren wird auf dem Parkdeck 6 musiziert und gefeiert, bis um 1.30 Uhr, denn dann schließen Parkhaus und Einkaufszentrum. Wer zum ersten Mal kommt, folgt einfach den anderen. Bei P5 steigen alle aus und laufen nach links, über die gewundene Auffahrt zum Oberdeck.

Als Erstes erblickt man ein Holzhäuschen mit Grünpflanzen, dahinter die Dächer von Berlin und den Fernsehturm. Das grüne Dickicht ist der „Klunkergarten", ein Schrebergarten mit Skyline. Tomatenpflanzen wachsen in luftiger Höhe; die reifen Früchte wandern in Sandwiches, wenn sie nicht vorher von den Gästen gepflückt werden. Wer

TIPP Weihnachtsmarkt mit Musik und Glühwein in luftiger Höhe.

beim Gärtnern helfen will, ist herzlich willkommen, denn der Garten wird gemeinschaftlich und ehrenamtlich gepflegt, alles natürlich rein biologisch. Der Zutritt ist für alle kostenlos, daher sind die Holzbänke schnell besetzt, besonders an lauen Sommerabenden, wenn der Sonnenuntergang hier oben ein echtes Erlebnis ist. Für die Musikevents muss man zahlen und am Kassenhäuschen anstehen; die Preise sind zivil, nur ein paar Euro für Rock, Pop, Jazz, Elektro oder Techno. Jeden Abend spielen andere Musiker. Im Sommer gibt's auch Freiluftkino, im Dezember einen Weihnachtsmarkt mit Fair-Trade-Design. Zehn Monate im Jahr hat der „Klunkerkranich" Programm, nur im Januar/Februar macht er Pause. An Schlechtwettertagen ist es auf dem Dachgarten im Holzhaus gemütlich. Egal, ob drinnen oder draußen, eines ist für alle garantiert: die gute Aussicht auf viel Vergnügen!

● Klunkerkranich, Karl-Marx-Straße 66, 12043 Berlin-Neukölln
www.klunkerkranich.de
● ÖPNV: U7, Bus 104, 166, N94, Haltestelle U Rathaus Neukölln

Die Filmausstatter

 52 *Industriedesign im Urban Industrial Berlin*

Eine Reihe bunter Leuchtbuchstaben über der Einfahrt, dahinter eine riesenhafte Halle, gefüllt mit Stühlen, Lampen und Uhren in vielen Stilen, Formen und Farben. Ein Warenlager, aber keine animierende Wohnlandschaft, in der man die Bequemlichkeit eines Sofas testen oder sich probeweise am Esstisch niederlassen könnte. Ein Einrichtungsgeschäft sieht anders aus. Es scheint hier gar nicht darauf anzukommen, ob man die ausgestellten Stühle bequem findet, denn viele stehen auf meterhohen Regalen unter der Decke und man bräuchte eine Leiter, um hinaufzuklettern. Lampen und Uhren gibt es in großer Vielfalt; viele sehen aus, als seien sie aus einer Amtsstube entwendet oder der Wartehalle eines alten Bahnhofs. Zwischendrin eine Neon-Reklame, eine große Donald-Duck-Figur und ein nostalgisches Kinderkarussell. So stellt man sich ein Hollywood-Depot vor, in dem die Requisiten verschiedener Filme aufbewahrt werden. Und im Grunde ist „Urban Industrial" genau das: ein Magazin voller Möbel und Objekte, mit denen Filmsets, Eventlocations, Galerieräume, Start-up-Büros und Lofts ausgestattet werden.

TIPP *Im Sommer Freiluftkino im Volkspark Hasenheide direkt gegenüber.* Orte, bei deren Gestaltung Industriedesign und Vintagelook ausdrücklich erwünscht sind.

150 Projekte weltweit hat das Team von „Urban Industrial Berlin" bereits betreut, beliefert und ausgerüstet, darunter auch Filmsets wie „Die Tribute von Panem" oder „Babylon Berlin". Für die Neuverfilmung von „Stauffenberg" mit Tom Cruise mussten sie innerhalb von 24 Stunden alte Militärkisten aus Tschechien beschaffen, um die Filmszene „windige Geschäfte in Osteuropa" auszustatten. Manches ist im Lager vorhanden, anderes wird auf Anfrage gesucht. Bezugsquellen sind geschichtsträchtige Gebäude, die aufgegeben werden. Wenn es dort heißt „alles muss raus", kommt bei Urban Industrial vieles rein. Auch alte Türbeschläge und Briefkästen wandern in den Fundus. Vielleicht hat man Glück und entdeckt auf dieser extravaganten „Reste-Rampe" die lang gesuchte Retro-Lampe für den eigenen Schreibtisch.

● **Urban Industrial Berlin, Hasenheide 13, 10967 Berlin-Neukölln, Tel. (01 76) 62 77 68 99**
www.urban-industrial.de
● **ÖPNV: U7, U8, Haltestelle U Hermannplatz, Bus N7, Haltestelle Hasenheide**

Vive Berlin!

 53 *Marheineke, die Markthalle im Bergmannkiez*

„Marheineke", der Name ist schwierig. Am Anfang hilft eine Eselsbrücke: drei Buchstaben vom „Markt" und die Biermarke ohne „n". „Bergmannkiez" ist da schon einfacher, so heißt das Viertel um die Bergmannstraße, die von den Zugezogenen gern „Kreuzberger Ku'damm" genannt wird. Prächtige Bürgerhäuser, hohe Bäume, schicke Boutiquen, das passt schon, ist aber in den Ohren der Alteingesessenen ein zweischneidiges Kompliment; ihnen klingt es nach Gleichmacherei und „Prenzlbergisierung". Trödelläden und einfache Imbissstuben gehören zur Identität, finden viele. Doch inzwischen wohnen hier mehr Gutverdiener als Großfamilien. Das bringt Wandel. Als die „Marheineke Markthalle" vor der Renovierung stand, gab es zuerst heftige Gegenwehr, dann großes Gedränge beim Bürgerabend, doch schließlich ein zufriedenes Aufatmen. Mehr Platz, mehr Licht und große kulinarische Vielfalt – damit konnten sich alle anfreunden. Nur der Veggie-Imbiss floppte am Anfang, aber inzwischen gibt es in der Markthalle sogar einen Bio-Supermarkt.

TIPP Konzerte und Veranstaltungen in der Passionskirche am Marheinekeplatz 1.

In der „Marheineke Markthalle" kann man sich durch die halbe Welt essen, ohne auf die Straße zu gehen, denn jeder Verkaufsstand ist auch ein Restaurant. Deutsch, italienisch, spanisch, französisch, asiatisch und arabisch – man schmeckt die Weltstadt. Zwischendurch erledigt man kleine Einkäufe und die Notwendigkeiten des Alltags: Reinigung, Schuster, Schneider, alles unter einem Dach.

Die Genießer (bzw. „Les Épicuriens", so der Name des Feinkostgeschäfts) erkennt man sofort an den kleinen runden Marmortischen mit den Bistrostühlen und den Baguettes im hohen Korb und an der herrlichen Käsetheke, in der sich die besten der 400 französischen Käsesorten versammelt haben. Man parliert über französische Küche, Paris, „eine elegante, alte Dame", und Berlin, „jung und dynamisch". Man hört die Begeisterung in der Stimme. Eine Liebeserklärung von einem Franzosen, der seit acht Jahren an der Spree lebt. Aus Vergnügen. Essen wie Gott in Frankreich kann man hier schließlich auch.

○ Marheineke Markthalle, Marheinekeplatz 15, 10961 Berlin-Kreuzberg, Tel. (0 30) 50 56 65 36
www.meine-markthalle.de
○ ÖPNV: U7, Bus 140, 248, N7, Haltestelle U Gneisenaustraße

Wie bei Freunden

 54 *Im Yafo – Israelische Küche und Berliner Bar*

Haben Sie schon mal auf einem Stuhl gesessen, der keine Beine hat? Im „Yafo" geht das. Die Stühle stehen, pardon, „sitzen" im Fenster gegenüber der Bar. Sieht ungewohnt aus, ist aber sehr bequem. „Tel Aviv Kitchen. Berlin Bar" steht auf der Schiefertafel außen an der Hauswand. Daneben, im zweiten Fenster, eine nostalgische Küchenwaage, alte Holzkisten und eine mechanische Schreibmaschine. Vieles im „Yafo" ist originell und eigenwillig, typisch Berlin und zugleich typisch modernes Israel. Tel Aviv gilt als Party-Hochburg des Nahen Ostens. In den Ausgehvierteln ist die Dichte an Restaurants, Bars und Clubs so hoch wie in Berlin. Und der Mix an feierfreudigen jungen Menschen genauso kosmopolitisch.

Felix Offermann (Berliner), Shani Achiel und Ben Zviel (beide aus Israel) haben das „Yafo" in der Nähe des Rosenthaler Platzes eröffnet und nach der Hafenstadt Jaffa benannt (hebräisch Jafo, arabisch Yāfā), der Keimzelle von Tel Aviv und heute ein arabisch dominierter Stadtteil. Deutsch, englisch, hebräisch und arabisch ist auch die Speisekarte im „Yafo", gefüllt mit verführerischem Fusion-Food. Da wird der Rump-

TIPP Café Gordon, jüdisches Bistro im arabisch geprägten Schiller-Kiez, mit eigenem Plattenlabel.

steak-Salat mit hausgemachtem Laban-Käse kombiniert und mit Ras el Hanout gewürzt, Lammfleisch mit gerösteter Aubergine, Matbucha (würzige Tomaten-Paprika-Sauce) und Zchug (Knoblauch-Chili-Sauce) serviert. Orientalische Akzente hat auch die Innenausstattung des „Yafo", wie die Schmuckbänder mit Münzen und Troddeln über Bar und Eingangstür. Der zweigeteilte Raum ist mit einer gewissen Nonchalance verschwenderisch, aber irgendwie cool dekoriert. Ein verrückter Stilmix, der gemütlich und gleichzeitig modern wirkt, auch wenn manches Stück so aussieht, als käme es direkt vom Flohmarkt. Die vier roten Samtklappsitze ganz hinten an der Wand könnten aus einem alten Kino stammen, der aufgeblasene Papagei auf der Lautsprecheranlage oben in der Ecke aus einem Kinderzimmer. Im „Yafo" fühlt man sich sofort zu Hause. Oder wie bei guten Freunden.

● Yafo, Gormannstraße 17B, 10119 Berlin-Mitte, Tel. (0 30) 92 35 02 50
www.yafoberlin.com
● ÖPNV: U8, Tram M1, M8, Bus 142, N40, Haltestelle U Rosenthaler Platz

Ein Schwimmbad in der Spree

 55 *Das Badeschiff, ein Strandbad am Flussufer*

Wer hätte gedacht, dass man mitten in der Spree sonnenbaden und schwimmen kann, direkt neben den Lastschiffen, aber ohne die Angst, überfahren zu werden? Das geht: im Badeschiff in Alt-Treptow, mit Blick auf die Oberbaumbrücke und den Funkturm.

Natürlich ist auch der Wannsee idyllisch, ein beliebtes Ausflugsziel für das Wochenende, aber eben doch ziemlich weit, um nach Büroschluss mal eben ins Wasser zu springen. Herrlich ist auch das Freibad Plötzensee mit seinen Strandkörben und dem 20er-Jahre-Charme der Badehäuser. Ein typischer Badesee, umgeben von viel Grün; man vergisst die Stadt und wähnt sich auf dem Lande. Genau das ist beim Badeschiff nicht der Fall, und gerade das ist sein besonderer Reiz: das Industrieflair im Hintergrund, die Großstadtkulisse am gegenüberliegenden Ufer, weit genug entfernt, um das Gefühl der Weite und Freiheit aufkommen zu lassen, das auch die weite spiegelnde Wasserfläche eines Sees erzeugt. Wie ein Floß liegt die Badeplattform am Ufer der Spree, der hellblaue Pool ist ein ehemaliger Lastkahn. An sommerlichen Tagen sind alle Liegestühle besetzt. Sie stehen dicht an dicht wie an Deck eines Kreuz-

TIPP Street Food Party an der Spree. Wer: „Bite Club". Wo: Arena Berlin. Wann: Termine im Internet.

fahrtschiffes und so fühlt man sich hier. Wie im Urlaub und mitten im Geschehen. Natürlich sind die Plätze am Rand des Wassers die besten, aber für sich ist man hier nirgendwo, dafür ist das Badeschiff viel zu beliebt. Wer hierher kommt, mag Geselligkeit. Auf dem Ufersand wird Volleyball gespielt, einige machen Yoga, auf der Spree balancieren die Stand-up-Paddler. Man kann im Osthafen üben, bevor man sich in die Flussmitte wagt. Wer einfach nur abhängen möchte, holt sich an der Strandbar einen Drink und schaut zu. Wie die gigantische Badeente auf dem Dach der Bar, die alle vorbeifahrenden Flussschiffer grüßt. Wenn es dunkel wird, ebbt die Stimmung nicht ab. Dann leuchtet das Schubleichter-Schwimmbad geheimnisvoll in der Spree und vom anderen Ufer funkeln die Lichter von Berlin.

Badeschiff, Eichenstraße 4, 12435 Berlin-Treptow, Tel. (01 62) 5 45 13 74
www.arena.berlin/veranstaltungsort/badeschiff
ÖPNV: Bus 104, 165, 265, N65, Haltestelle Eichenstraße/Puschkinallee

Kartoffeln fürs Karma

Glück to go – Fastfood ayurvedisch inspiriert

Das Geheimrezept für die exotisch-knusprigen Pommes Frites stammt aus Indien. Frank Ventura hat es in einem Kloster von den Mönchen erhalten. Er verbrachte mit seiner Frau eine Woche in Klausur; Besinnung und Rückzug, Konzentration auf das Wesentliche. Die Umgebung war schlicht, die Riten streng, die Küche einfach – aber unerwartet gut. So köstliche und bekömmliche Kartoffeln hatten sie beide noch nie gegessen. Gedacht, gefragt, getan. Zurück in Berlin eröffneten sie ihren eigenen Imbiss: „Glück to go". Frank Ventura verkörpert das, was er verspricht. Er hat seine innere Mitte gefunden, strahlt Lebensfreude und Zufriedenheit aus. Ein gut gelaunter Genießer, kein diktatorischer Ernährungsmissionar. Seine vegetarischen Burger und „Flying Fries" genannten Bio-Pommes mit den ayurvedisch inspirierten Gewürzmischungen schmecken super und machen nicht dick. Im Gegenteil. Als er sich einige Wochen nur aus eigener Erzeugung ernährte, habe ich vier Kilo abgenommen. Die ayurvedischen Gewürze regen den Stoffwechsel an und fördern die Verdauung. Dinkel statt Weizen, frische Zutaten, selbstgemachte Saucen. Qualität ist wichtig.

TIPP Kult in Kreuzberg: Mustafas Gemüse-Kebab, Mehringdamm 32. Lange Schlangen.

Der Gastronom war ihm nicht in die Wiege gelegt. Außerhalb seines Imbisses ist Frank Ventura Musiker. Geboren in Argentinien, aufgewachsen in England und im Ruhrgebiet, kam er mit 18 Jahren nach Berlin, um Musik zu studieren: Kontrabass. Später sattelte er auf Gitarre um und ging auf Tour. Folk und Rock der Siebziger im Stil von Jethro Tull ist sein Ding. „Man kann mich mieten", sagt er, aber herumreisen wolle er nicht mehr. „Jetzt mach ich mal was Sesshaftes."

Der Imbiss macht ihm Spaß, denn die Gäste sind begeistert. Seit fünf Jahren beglücken Frank und Frau die Berliner mit gesundem Fastfood und guter Laune. Die Stimmung ist das Wichtigste fürs Wohlbefinden. Als Musiker kennt sich Frank Ventura mit Harmonien aus. Jetzt ist ein Food Truck geplant, der durch deutsche Lande fährt, damit noch mehr Menschen Glück genießen können.

Glück to go, Friesenstraße 26, 10965 Berlin-Kreuzberg, Tel. (0 30) 89 62 02 52
www.glueck-to-go.de
ÖPNV: U7, Bus 140, 248, N7, Haltestelle U Gneisenaustraße

Konzerte statt Kulissen

 57 *Der Pierre Boulez Saal im Rücken der Staatsoper*

Der Raum atmet Musik. Das liegt an den sanft geschwungenen Rängen, die im Saal zu schweben scheinen, und dem geschlossenen Parkett, rund wie eine Musiknote. Ein vollkommenes Oval, in dessen Mitte sich die Bühne befindet. Die holzvertäfelten Wände sind fast unmerklich gewellt und die Paneele an der Decke leicht geneigt, um den Schall perfekt zu reflektieren. Der hohe Saal wirkt wie ein mehrstöckiges und vollständig entkerntes Haus, aus dem alle Zwischendecken entfernt wurden, sodass man nun vom Erdgeschoss bis ins Dach blicken kann und alle Fensterreihen auf einmal sieht. Ein ungewohnter Anblick, der gleichzeitig überrascht und Geborgenheit vermittelt. Frank Gehry und Yasuhisa Toyota haben den neuen Kammermusiksaal für Daniel Barenboim gestaltet. Er befindet sich auf der Rückseite der „Staatsoper Unter den Linden" in dem Gebäude, in dem früher das Kulissendepot untergebracht war. Eine beglückende Verwandlung. Wer darauf achtet, erkennt im Foyer noch die alten, schweren Eisentüren neben den neuen Eingängen; sie wurden zur Erinnerung an die frühere Nutzung in die Raumgestaltung integriert.

TIPP *Nach dem Konzert in die Weinstube „Lutter & Wegner" am Gendarmenmarkt.* Unerwartet eigenwillig sind die Bezüge der Stuhlreihen. Ein stark variierendes Rot-Blau-Muster belebt die Sitze und sorgt dafür, dass freie Stühle optisch verschwinden. Obgleich es eher unwahrscheinlich ist, dass hier häufig Stühle frei bleiben, denn das Programm ist vielfältig und die Nachfrage entsprechend groß. Daniel Barenboim, Generalmusikdirektor der Berliner Staatsoper, eröffnete den Saal im März 2017 am Flügel und am Dirigentenpult, denn er ist Initiator und Leiter der im gleichen Haus beheimateten Barenboim-Said Akademie, zu der die neue intime Konzertarena gehört. Junge Musiker aus dem Nahen Osten werden hier unterrichtet. Für 99 Jahre hat die Stadt Berlin der Akademie das Gebäude verpachtet; der Bund trägt die Betriebskosten der humanistisch geprägten Einrichtung und des Konzertsaals. Ein Haus der Musik, für Freude, Frieden und Völkerverständigung.

● Pierre Boulez Saal, Französische Straße 33 d, 10117 Berlin-Mitte, Tel. (0 30) 47 99 74 11
www.boulezsaal.de
● ÖPNV: U6, Bus 147, Haltestelle Französische Straße

Völlig unerwartet

58 *House of Small Wonder: Café – Restaurant – Deli*

Es ist wundervoll, dass das Berliner Stadtschloss wieder in alter Pracht erstrahlt, nachdem es einst vom DDR-Kommunismus ohne Not gesprengt wurde. Leider sind nicht viele der nach der Wende entstandenen Bauten von solcher Schönheit. Die Mehrzahl sind Geschäftshäuser aus Beton, Stahl und Glas, repräsentativ, aber alltäglich. Und dann passiert ein kleines Wunder. Inmitten eines kühlen Geschäftsviertels findet man eine kleine kostbare Perle, das „House of Small Wonder".

Das Frühstückscafé in Berlin Mitte ist der Ableger eines Delis in Brooklyn, NY. Motoko Watanabe und Shaul Margulies, eine Japanerin und ein israelischer Amerikaner, haben das bezaubernde Restaurant eröffnet. Das richtige Haus zu finden, ist gar nicht einfach, denn auf den ersten Blick scheint es, als könne es in dieser kühlen Umgebung kein kleines, charmantes Restaurant geben. Hier ist alles groß, sachlich und nüchtern. Dann öffnet man die Tür zum Foyer des Bürohauses – und betritt eine völlig andere Welt. Plötzlich ist man in Asien. Warme rotbraune Farben, Holzplanken an den Wänden, eine Laterne und jede Menge Pflanzkübel,

TIPP *Kochu Karu, Restaurant mit spanisch-koreanischer Fusionsküche, prämiert vom Guide Michelin.*

zwischen denen eine Wendeltreppe aus Holz nach oben führt. Man steigt hinauf und steht in einer Art Wintergarten mit hoher Decke. Fenster mit Holzrahmen statt kaltem Stahl, blumige Tapeten und geblümte Sitzkissen, schlichte Holzmöbel mit nostalgischer Note, Vintageflair und viel Grün, darüber ein gelbes, leicht geneigtes Glasdach. Man hört förmlich die Vögel zwitschern in diesem lichtdurchfluteten Gartenzimmer und beginnt zu träumen. Die Illusion ist vollkommen. Nichts erinnert an die Welt vor den Fenstern. Die japanischen Gastgeber sind freundlich und aufmerksam. Man bestellt Biscuit Benedict, Croque Madame, Okinawan Taco Rice oder Soboro Don und vergisst eine Zeit lang, dass man mitten in Berlin ist. Wenn man nach dem Essen wieder auf der Straße steht und an der glatten Fassade nach oben blickt, kann man kaum glauben, dass man nicht geträumt hat.

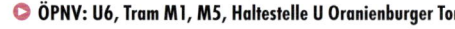

House of Small Wonder, Johannisstraße 20, 10117 Berlin-Mitte
www.houseofsmallwonder.de
ÖPNV: U6, Tram M1, M5, Haltestelle U Oranienburger Tor

Das Glück der großen Leere

 59 *Tempelhofer Feld, Freizeitpark in XXL*

Ein bunter Kinderdrachen segelt lautlos im Wind. Am Horizont knattern die rasenden Lenkdrachen der Kiteboarder, zum Glück in sicherer Entfernung. Wenn man das einstige Flugfeld vom Herrfurthplatz kommend durch das Tor in der meterhohen Umzäunung betritt, steht man auf einer kleinen Anhöhe und überblickt die riesige Grünfläche, bis sie sich am Horizont im Dunst verliert. Eine schier endlose Ebene ohne die allerkleinste Erhebung, so flach, wie mitten in der Stadt nur ein Flughafen ist. Doch so riesengroß der Raum auch erscheint, bei Hochbetrieb kann man sich leicht in die Quere kommen. An Wochenenden und Feiertagen ist auf den ehemaligen Start- und Landebahnen ganztägig Rushhour. Da sausen Radfahrer und Inlineskater über die langen Asphaltbahnen und müssen aufpassen, dass nicht ein Windsurfer ihre Bahn kreuzt. Auch die große Freiheit hat unsichtbare Grenzen. Für Jogger gibt es spezielle Laufwege und für die vierbeinigen Freunde ein eigenes Areal, damit sich jeder genüsslich und gefahrlos austoben kann. Auf den weiten Wiesen zwischen den geteerten Bahnen wird Fußball gespielt, gepicknickt und entspannt. Selbst Basketball-, Tischtennis- und Boulespieler sind am Platz. Das Tempelhofer Feld, auf dem früher die Flugzeuge abhoben und landeten, ist heute ein gigantischer Sport- und Freizeitpark und mit seinen 300 Hektar wesentlich größer als der Tiergarten. Als der Tempelhofer Flughafen 2008 den Betrieb einstellte, blieb die riesige Anlage verlassen und verwaist zurück, eine nutzlose Grünfläche am Rand eines dicht besiedelten Stadtviertels. Der Flughafen Schöneberg hatte ihm den Rang abgelaufen, ihm, dem ersten und ehemals einzigen Hauptstadtflughafen, wo die Rosinenbomber der Luftbrücke landeten. Ein geschichtsträchtiger und sentimentaler Ort, den die Berliner für sich erobert haben.

TIPP Joggen im Treptower Park, vom S-Bahnhof zum Kulturhaus Insel Berlin und wieder zurück

Den besten Blick auf das tägliche Sportfest wird man vom Dach des Flughafengebäudes haben, das bis 2022 zur Aussichtsterrasse mit Gastronomie ausgebaut werden soll. Wir freuen uns darauf.

⊙ Tempelhofer Feld, 12049 Berlin-Tempelhof
▶ ÖPNV: U8, Bus N8, Haltestelle U Leinestraße oder Haltestelle U Boddinstraße, ca. 5–7 Minuten Fußweg zum Eingang Ecke Oder-/Herrfurthstraße, Bus 104, Haltestelle Friedhöfe Columbiadamm oder Haltestelle Golßener Straße, ca. 1–3 Minuten Fußweg zum Eingang am Columbiadamm

Forum für Weltmusik

 60 *Die Werkstatt der Kulturen*

Musik ist die universelle Weltsprache. In den Orchestern unserer Konzerthäuser und Musiktheater musizieren Menschen aus vielen Ländern und Kulturen, denn Musik vereint und verbindet. Da spielt die französische Geigerin mit dem ukrainischen Cellisten, dem chinesischen Trompeter und dem südamerikanischen Trommler und jeder versteht den anderen, auch wenn sie in der Kantine kaum das Wort aneinander richten können. Aber auch da sind Musiker im Vorteil: Sie erlernen meist schnell die Sprache des Gastlandes. In der „Werkstatt der Kulturen" begegnet man der Weltmusik, denn das Veranstaltungshaus widmet sich der unendlichen Vielfalt des musikalischen Ausdrucks. Auf dem Programm stehen traditionelle und experimentelle Musik, südamerikanische, arabische und afrikanische Klänge, Salsa, Hiphop, Soul, Blues, Rock und Jazz, Beatboxer und Chöre. Wer Lust auf Neues hat, wird nicht enttäuscht. „Orient trifft Okzident" bzw. „Crossing borders – Musik überwindet Grenzen" ist auch das Motto des „Babylon Orchestra", das Mischa Tangian und Sofia Surgutschowa gegründet haben. Sie wollen Brücken bauen zwischen den Musikern aus verschiedenen Ländern und Kulturen und dem neugierigen und weltoffenen Berliner Publikum.

TIPP ufaFabrik, auch dieses Veranstaltungshaus fördert musische Talente, lokale und internationale!

Wo, wenn nicht hier, könnte man sagen. Denn die weltoffene deutsche Hauptstadt ist wie keine andere prädestiniert zum interkulturellen Austausch. Die Stadt fördert ihn in vielen Institutionen, Veranstaltungen und Programmen. Auch das „Babylon Orchester" wird unterstützt, denn seine Musiker kommen aus verschiedenen Ecken der Welt; viele sind neu in Berlin und in Europa. Die „Werkstatt der Kulturen" gibt ihnen eine Bühne. In den Konzerten lauscht man Musikinstrumenten, von denen man noch nie zuvor gehört hat: der orientalisch-arabischen Längsflöte Ney, dem gitarrenähnlichen Oud und der Tar, der metallisch vibrierenden persischen Langhalslaute. Das Ohr gewöhnt sich an die fremden Klänge, wie an ein unbekanntes Gericht, das erst seltsam schmeckt und dann immer besser.

> Werkstatt der Kulturen, Wissmannstraße 32, 12049 Berlin-Neukölln, Tel. (0 30) 6 09 77 00
> www.werkstatt-der-kulturen.de
> ÖPNV: U7, U8, Bus 171, Haltestelle U Hermannplatz

Kunstbummel am Sonntag

61 Bücher am Bode-Museum und Kunst am Zeughaus

Im Epizentrum des Kulturtourismus, am Spreeufer gegenüber der Museumsinsel, finden jedes Wochenende zwei Straßenmärkte statt, die allein durch ihr Panorama glücklich machen: der Antik- und Buchmarkt am Bode-Museum und – wenige Meter weiter, auf der Höhe des Lustgartens und mit herrlichem Blick auf den Berliner Dom – der Berliner Kunstmarkt am Zeughaus. Die Kunden werden praktisch auf dem Silbertablett (und bisweilen in Busladungen) serviert; Menschen, die durch Museumshallen wandern, haben auch unter freiem Himmel Sinn für Kunst. Und wenn dann noch die Sonne scheint, gerät der Bummel entlang der Kunststände zum lustvollen Sonntagsspaziergang.

Natürlich hat sich mit den Jahren einiges an Souvenir-Kitsch und typischem Kunsthandwerk unter die „richtige" Kunst am Zeughaus gemischt, aber den Marktbesuchern gefällt es. Es gibt ja noch genug waschechte Berliner Künstler, die zwischen Tassen und Tüchern ihre qualitätsvollen Arbeiten vorstellen. Wie Uwe Golk, Norbert Hirmer und Klaus von Gratkowski. Ihre Bilder sind keine auf Berlinbesucher zugeschnittenen, schnell hingeworfenen Stadtansichten, sondern charaktervolle, sehr persönliche Kunstwerke, die auch in einer Galerie an der Wand hängen könnten, dann zum vielfachen Preis. Radierungen, Lithografien, Zeichnungen, Gemälde. Klaus von Gratkowski malt gern ausdrucksstarke Tiere: Raben, Schafe und am liebsten rosafarbene Schweine, die so viel Witz und Charme ausstrahlen, dass sie einem sofort ans Herz wachsen. Seit zwölf Jahren ist der gebürtige Berliner auf dem Kunstmarkt am Zeughaus. Er war viel unterwegs, hatte jahrelang eine eigene Galerie in Lübeck, doch jetzt ist er glücklich, wieder zurück zu sein. Er mag die Offenheit und Authentizität der Hauptstadt. „Hier ist alles echt", sagt er, „für mich persönlich ist Berlin das Nonplusultra." Hier, am Kunstmarkt an der Spree gibt es auch jede Menge Originale. Es könnte sein, dass man statt dem Berliner Bären ein Glücksschwein findet.

TIPP Nach dem Bummel zum Kaffeetrinken auf die Dachterrasse des „Hotel de Rome", neben der Staatsoper!

● Berliner Kunstmarkt an der Museumsinsel, Am Zeughaus 1–2, 10117 Berlin-Mitte
kunstmarkt-berlin.com
● ÖPNV: Bus 100, 200, Haltestelle Staatsoper

128

Kreative Sushi-Meister

 62 *Die japanische Küche im Sasaya*

In den hippen Szene-Straßen Berlins schießen die asiatischen Restaurants wie die Pilze aus dem Boden, ganz abgesehen von den vielen Orten mit asiatisch inspirierter Fusionsküche. Japanisch, koreanisch, vietnamesisch, laotisch, kambodschanisch – die jungen Berliner mögen es exotisch. Hier sind auch Vegetarier und Lifestyle-Veganer Stammgäste, die Tofu und Frühlingsrollen einem saftigen Steak vorziehen. Auf der Kastanienallee, wo es von asiatischen Restaurants nur so wimmelt, hat mit dem „Cat Tuong" der erste vegane Vietnamese aufgemacht. Wer hier eine „Pho" mit Himalaya-Salz löffelt, fühlt sich auf dem besten Weg ins Nirwana. „Glücklich sein ist der Weg" steht groß an der Fassade und stimmt schon beim Näherkommen positiv ein.

Ganz anders das japanische Restaurant „Sasaya", das den Gast mit asiatischer Zurückhaltung empfängt. Wenn Restaurant und Fensterläden geschlossen sind, kann man es kaum als Restaurant erkennen, so diskret ist die Fassade. Nur die japanischen Schriftzeichen auf der Eingangstüre lassen erkennen, dass einen dahinter fernöstliche Genüsse erwarten.

TIPP **Jedes Jahr im Januar findet in der URANIA ein großes Japan-Festival statt.** „Sasaya" steht hier in Lautschrift, was „Bambusfeld" oder „Verkäufer kleiner Dinge" bedeuten kann. Japanische Laute lassen Raum für Fantasie. Innenausstattung und Mobiliar sind von schlichter Schönheit. Man sitzt auf niedrigen Bänken und Hockern oder direkt an der schick illuminierten Theke, hinter der der Sushi-Meister am Werk ist. Es macht Spaß, ihm beim Schneiden, Rollen und Pressen der Sushi-Happen zuzusehen. Einfach und raffiniert sind alle Gerichte, jedes ein kleines Kunstwerk auf dem Teller. Die puristische Ästhetik ist Teil des Genusses. Wir lieben die Japaner auch wegen ihrer unaufdringlichen Perfektion im Detail. Wer über das „Sasaya" mehr erfahren möchte, muss es selbst ausprobieren. Googeln hilft nicht weiter, denn die Webseite ist so minimalistisch wie die Einrichtung. Weder Fotos noch Speisekarte; vielleicht möchten sich die Köche einfach nicht festlegen. Kreativität braucht Freiraum.

Sasaya, Lychener Straße 50, 10437 Berlin-Prenzlauer Berg, Tel. (0 30) 44 71 77 21
sasaya-berlin.de
ÖPNV: U2, Haltestelle U Eberswalder Straße, Tram12, Haltestelle Raumer Straße

Raum für Ästhetik

63 *Die Concept Stores von Andreas Murkudis*

„Für mich ist Platz der größte Luxus. Nur mit genügend Raum können sich Dinge in ihrer vollen Wirkung entfalten." Seinen Anspruch hat Andreas Murkudis in den einstigen Druckerei-Räumen des Berliner „Tagesspiegels" verwirklicht. Mode und Lifestyle-Objekte in Haus Nummer 81, Möbel und Interiordesign in Haus Nummer 77. Im kühlen Galerieambiente der hohen Industriehallen werden die ausgesuchten Produkte wie Ausstellungsstücke präsentiert. Jedes Einzelteil ist ein Lieblingsstück von Andreas Murkudis. Er verkauft nur Dinge, die ihm persönlich gefallen und die er selbst besitzen möchte. Objekte mit individueller Entstehungsgeschichte und nachhaltigem Wert. Nichts, was dem schnelllebigen Zeitgeist unterworfen wäre. Für die Traditionsmarke Birkenstock, die es bei Models und Bloggern zur „It-Sandale" geschafft hat, entwickelte er eine eigene Kollektion, die auf der Berliner Fashion Week vorgestellt wurde. Die Philosophie der Schuhmarke passt zu seiner eigenen: Qualität plus Innovation gleich Faszination.

Alle Produkte in den Concept Stores von Andreas Murkudis überzeugen durch klare Formen und hohe Material- und Verarbeitungsqualität. Design pur, ohne Schnickschnack und Glitzer. Minimalistisch wie die Umgebung. Verführerisch wie die Schokoladenkugeln im glänzenden Stanniolpapier, die in regelmäßigen Abständen auf dem schwarzen Block liegen. In allen Regenbogenfarben. Ein Kunstwerk, fast zu schön zum Aufessen. Man wandert durch den lichtdurchfluteten Raum und nimmt sich Zeit zum Betrachten und Bewundern; das Besondere erschließt sich nicht auf den ersten Blick. Es liegt hinter der Sache.

Andreas Murkudis weiß, was Produkt-Ikonen ausmacht. 15 Jahre lang führte er das Berliner „Museum der Dinge", das sich der Produktgestaltung des 20. und 21. Jahrhunderts widmet. Die Suche nach Produkten mit eigener „DNA" spürt man in seinen Concept Stores. Mäntel, Kleider und Jacken an schlichten Kleiderstangen – und doch nicht „von der Stange". Jedes Teil hat Charakter.

....

Andreas Murkudis, Potsdamer Straße 77 und 81, 10785 Berlin-Tiergarten,
Tel. (0 30) 75 54 38 79 und (0 30) 6 80 79 83 06, andreasmurkudis.com;
ÖPNV: U1, Bus M48, M85, N1, N2, Haltestelle U Kurfürstenstraße

Literatur und Linseneintopf

 64 *Schwäbische Küche in der Joseph-Roth-Diele*

Das würde sich jeder Schriftsteller wünschen: einen lebensfrohen Ort, der ihm gewidmet ist. Von Menschen, die ihn gekannt, gelesen und verehrt haben. Joseph Roth hat einen solchen Ort in der Potsdamer Straße in Berlin, eine literarische Gast- und Lesestube. Zumindest die Älteren werden den Schriftsteller kennen. „Radetzkymarsch" gehörte zum klassischen Bücherkanon der Oberstufe, wie „Buddenbrooks" von Thomas Mann und „Die Verwandlung" von Kafka. Pflichtlektüre für Gymnasiasten, Lieblingslektüre für Dieter Funk, der die Joseph-Roth-Diele zusammen mit Grit Funk, Caroline Mentz und Liebhard Zimmer eröffnet hat. Eine Huldigung an den Schriftsteller, der von 1920 bis 1925 in Berlin lebte und mit seiner Frau Friedl im Nachbarhaus wohnte.

Im Raum der Joseph-Roth-Diele befand sich damals ein Feinkostgeschäft, das der Schriftsteller gern besuchte. Die holzvertäfelten Wände, die Goldverzierungen der Decke, der schwarz-weiße Fliesenboden und die alten Holzdielen stammen aus dieser Zeit. Sie waren jahrzehntelang verborgen. Die Konditorei war zum Lagerraum mutiert und zugestellt. Erst bei Umbau und Renovierung trat die Anmut des Raums zutage wie ein kostbares Geschenk. Heute erstrahlt er in alter Pracht und neuer Stimmung, denn Joseph Roth ist anwesend. In gerahmten Fotos, Jahreszahlen und Zitaten, in einer riesigen Signatur an der Decke und in vielen kleinen Bücherstapeln zum Blättern und Lesen. Vielleicht entdeckt man eine neue Geschichte – oder einen neuen Autor.

 TIPP Berliner Klassiker: „Café Einstein"; am schönsten ist das Stammhaus in der Kurfürstenstraße 58.

Man muss kein Literat sein, um hier einzukehren. Auch wer noch nie von Joseph Roth gehört hat, wird das gemütliche Speiserestaurant mögen. Die warme, heimelige Atmosphäre zieht den Passanten von der Straße nach innen – und die Speisekarte. Einfache schwäbische Gerichte wie Rindergulasch, Maultaschen, hausgemachte Schupfnudeln und Linsen mit Spätzle und Wienerle. Joseph Roth mochte die bodenständige Küche. Wir auch – und den „Spiritus Loci", den Geist des Ortes.

Joseph-Roth-Diele, Potsdamer Straße 75, 10785 Berlin-Tiergarten, Tel. (0 30) 26 36 98 84
joseph-roth-diele.de
ÖPNV: Bus M48, M85, N1, N2, Haltestelle Lützowstraße/Potsdamer Straße

Die Leichtigkeit des Seins

65 *Das Paul-Lincke-Ufer am Landwehrkanal*

Gern kokettiert die Hauptstadt mit ihren vielen Brücken. Mehr als in Venedig, heißt es, und das mag stimmen, da die Stadtfläche von Berlin um ein Vielfaches größer ist. „Klein-Venedig" und „Neu-Venedig" heißen die verwunschenen Wasserwege im Volksmund, die Spandau und Köpenick durchziehen. Am bekanntesten sind Spree und Wannsee, aber daneben gibt es Havel und Dahme und viele weitere Seen und Kanäle. Die Spree umfließt die Museumsinsel und das Regierungsviertel, eine herrliche Wasserstraße, auf der man die berühmten Sehenswürdigkeiten entspannt entdecken kann – aber nur eine von vielen. Schmaler und romantischer sind die Kanäle, die die ganze Stadt durchziehen, allen voran der Landwehrkanal, der vom Osthafen durch Kreuzberg, Neukölln und den Tiergarten bis nach Charlottenburg führt.

Eine der schönsten und lauschigsten Stellen dieser Wasserader ist das Paul-Lincke-Ufer in Kreuzberg, wie die schmale, einspurige Straße heißt, die parallel zum Kanal verläuft. In den schönen Bürgerhäusern befindet sich ein Restaurant neben dem anderen; jeder Vorgarten ist eine romantische Terrasse, von Sträuchern und Bäumen gerahmt und umwuchert. Hier kann man den ganzen Tag verbringen, am Kanal spazieren gehen oder sich auf eine Uferbank setzen und das schöne Gefühl genießen, alles an sich vorbeigleiten zu lassen. Vielleicht beginnt man den Tag mit einem Frühstück in der „Ankerklause" direkt an der Brücke, die zum Maybachufer hinüberführt. Mittags könnte man bei „Spindler" einkehren und neue deutsche Küche umrahmt von raffiniertem Design genießen – oder Tacos und Burritos bei „La Lucha" in mexikanisch-farbenfrohen Wänden. Am Abend japanische Ramensuppe aus Tonschalen im „Cocolo" zwischen Ziegelwänden (drinnen) und Lampions (draußen) oder grandiose neapolitanische Holzofenpizza im „Zola", mit schönstem Berliner Hinterhof- und Backsteinambiente. Jeder Tisch ist ein Glücksort. Es kann dauern, bis man an die Reihe kommt. Junge, internationale, weltoffene Gäste. Man setzt sich und gehört dazu.

TIPP Radtour am Landwehrkanal, auf dem Sandweg am Ufer oder unter den Bahntrassen.

 Paul-Lincke-Ufer, 10999 Berlin-Kreuzberg
 ÖPNV: Bus N8, Haltestelle Kottbusser Brücke

Hollywood am Ku'damm

 66 *Astor Film Lounge, ein Kino der Extraklasse*

Wer wünschte sich nicht, einen der berühmten alten Hollywood-Klassiker mal wieder im Kino sehen zu können!? Auf der Riesenleinwand: „Casablanca", „Zeugin der Anklage", „Fluss ohne Wiederkehr" oder „Harold und Maude". Da mag der Fernseher zu Hause noch so groß sein, das Filmerlebnis im Kino ist etwas ganz anderes. Und erst in der „Astor Film Lounge"! Der rote Teppich ist schon ausgerollt auf dem extrabreiten Bürgersteig des Kurfürstendamms, auch ohne Berlinale. Er liegt immer hier, damit man vom ersten Moment an das Besondere spürt, was dieses außergewöhnliche Kino umgibt. Das nostalgische Gegenstück zum modernen Multiplex, obwohl auch hier mit 3D-Technik gearbeitet wird und die 6000-Watt-Tonanlage ein großartiges Klangerlebnis beschert. Der kleine große Unterschied: Nur ein einziger Kinosaal erwartet den Besucher, aber dieser ist denkmalgeschützt und von höchster Eleganz. Der hohe Ledersessel ist individuell verstellbar und so bequem, dass man gar nicht mehr aufstehen möchte. Zwischen den Stuhlreihen hat man richtig viel Platz und im hinteren Bereich – „Loge" genannt – gibt es zusätzlich Hocker, um die Füße hochzulegen. Bevor es

TIPP Kinogutscheine in der Filmdose. Zum Verschenken!

so weit ist, gibt man erst mal den Mantel an der Garderobe ab und genießt einen Welcome-Drink an der Bar. Wer zum ersten Mal hier ist, bewundert die Schwarz-Weiß-Fotos im charmanten Vestibül hinter der Kasse. Sie zeigen Berlins große Kinohäuser aus den 50er-Jahren.

Auch die „Astor Film Lounge" hat ein langes und bewegtes Leben hinter sich; das 1948 eröffnete Kiki (Kino im Kindl) wurde erst „UFA-Pavillon", dann „Film-Palast" und ist seit 2008 „Astor Film Lounge". Hier entfaltet sich die ganze Pracht eines luxuriösen Lichtspieltheaters. Kino als Genuss für alle Sinne, mit Service am Platz. Antipasti, Kalbsbuletten und NY Cheesecake statt Popcorn. Dazu Weißwein, Cocktails und Co. Vielleicht sollte man zuerst das Klassiker-Programm der Astor Film Lounge studieren, bevor man die nächste Berlinreise plant. Es könnte ja ein Lieblingsfilm dabei sein.

▶ Astor Film Lounge, Kurfürstendamm 225, 10719 Berlin-Charlottenburg, Tel. (0 30) 8 83 85 51
berlin.astor-filmlounge.de
▶ ÖPNV: U1, U9, Bus 109, 110, 249, Haltestelle U Kurfürstendamm

Der Luxus der Einfachheit

 67 *Das Kaffee 9 am Eingang der Markthalle Neun*

Es ist einer dieser unprätentiösen und für Berlin typischen Orte, an denen man vor einer Tasse Kaffee den ganzen Tag vertrödeln könnte. Dabei versinkt man hier nicht in ausladenden Polstermöbeln, sondern sitzt auf harten Eisen- und Holzstühlen. Der Raum ist schlicht, die Wände unverputzt und wenig dekoriert, hinter den raumhohen Fenstern eine einfache Kreuzberger Straße. Wiesenblumen auf der Fenstertheke, vom Blumenstand aus der Markthalle. Doch es ist gerade diese Aura des Alltäglichen und Anspruchslosen, die so wunderbar beruhigend wirkt und das gute Gefühl vermittelt: Egal, wer du bist, wo du herkommst, was du machst – hier bist du richtig. Die Menschen, die bei schönem Wetter an der Hausmauer sitzen, mögen Finanzler, Freiberufler oder Freidenker sein, Lebenskünstler sind sie in jedem Fall. Vielleicht haben sie einen Stand in der Markthalle Neun, gleich hinter dem Café. Jeder genießt den Moment, die Ruhe für die eigenen Gedanken oder das Gespräch mit dem Sitznachbarn, den dampfenden Kaffee oder das Kürbisbutter-Käse-Sandwich.

TIPP *In der Nähe: Kunstquartier „Bethanien" am Mariannenplatz 2; schönes Garten-Restaurant.*

Im Vergleich zu vielen anderen Metropolen wirkt die deutsche Hauptstadt auf den Besucher ziemlich entspannt. Eine Verwaltungs- und Diplomatenstadt, kein Wirtschaftszentrum. Im Grunde besteht Berlin ja noch immer aus einer Ansammlung von Dörfern, in denen sich alles um den eigenen Kiez dreht. „Groß-Berlin? Ick gloob, ick spinne!" Denken viele Neuköllner, Schöneberger, Wilmersdorfer, Spandauer (und andere) noch heute. Jeder macht gern sein eigenes Ding. Die Devise des Alten Fritz haben die meisten Berliner verinnerlicht: Leben und leben lassen. Persönliche Vorlieben bedient auch die Kaffeerösterei, die Philipp Reichel gegründet hat. Das „Kaffee 9" schickt sich an, mit Außer-Haus-Verkauf die Kiezgrenzen zu sprengen. Beim „Berlin Coffee Festival" in der Markthalle Neun feiert man die Kaffeekultur. Philipp Reichel hat es selbst ins Leben gerufen. Und Hausrecht hat er sowieso.

▶ Kaffee 9, Eisenbahnstraße 43, 10997 Berlin-Kreuzberg
marktthalleneun.de/anbieter/kaffee-9
▶ ÖPNV: U1, Bus M29, N1, Haltestelle U Görlitzer Bahnhof, Bus 165, 265,
Haltestelle Eisenbahnstraße

 140

Nonplusultra für Flaneure

 68 *Der Prachtboulevard Kurfürstendamm*

Vor dem Mauerfall war der Kurfürstendamm für Flaneure und Shopping-Enthusiasten das Ein und Alles und neben dem KaDeWe das Aushängeschild des kapitalistischen Westberlins. Keine andere Straße in Berlin hatte eine solche Anziehungskraft für Besucher von außerhalb. Inzwischen hat der Ku'damm viel Konkurrenz bekommen – allen voran die Friedrichstraße (zum Einkaufen) und „Unter den Linden" (zum Bummeln). Und trotzdem: Das Filetstück des Ku'damms, der knappe Kilometer zwischen Fasanen- und Leibnizstraße, ist und bleibt ein Berliner Highlight. Hier stimmt einfach alles: die ultrabreiten Trottoirs, die herrlichen alten Bäume, die exklusiven Geschäfte, der breite, baumbestandene Mittelstreifen (mit vielen Parkplätzen) zwischen den beidseitig doppelspurigen Straßen. Das alles macht aus dem Ku'damm einen Prachtboulevard für Spaziergänger und Autofahrer.

Dazu kommen die vielen charmanten Nebenstraßen mit kleinen individuellen Geschäften, Boutiquen und Bistros: Uhland-, Knesebeck-, Bleibtreu-, Schlüter- und Wielandstraße. In den prächtigen Gründerzeithäusern offenbart Charlottenburg gediegene Schönheit,

TIPP *Für Autofahrer: In den Nebenstraßen parkt man wesentlich günstiger als auf dem Ku'damm.*

Wohlstand und Bürgerstolz. Zwar heißt es seit 20 Jahren immer wieder, die Musik spiele jetzt in Mitte, doch es kommt darauf an, welche Musik man hören will. Charlottenburg fühlt sich klassisch-elegant, kultiviert und konservativ an, was angesichts der alternativen und hippen Szene-Plätze in Mitte auch mal richtig erholsam ist. Eine Zeitlang wurde gewitzelt, der Stadtteil müsse infolge der vielen Zugezogenen in „Charlottengrad" umbenannt werden, aber beim Stadtbummel ist keine Klimaänderung zu spüren. Auf dem George-Grosz-Platz an der Einbiegung der Schlüterstraße sitzt man entspannt im Café Einstein oder beim Italiener an rotweiß gedeckten Tischen. Man könnte nach dem Mittagessen einen Rundgang im Käthe-Kollwitz-Museum einplanen und danach vielleicht im benachbarten Literaturcafé einkehren. Zwei von vielen Glücksorten „Off-Ku'damm".

🔴 **Kurfürstendamm, Berlin-Charlottenburg**
🔴 **ÖPNV: U1, U9, Haltestelle U Kurfürstendamm**

Ein Stück Versailles

 69 *Der Körnerpark, ein Gartendenkmal in Neukölln*

Manchmal findet man das Glück da, wo man es überhaupt nicht erwartet: am Boden einer Kiesgrube. Wenn man am Schierker Platz steht und über die Brüstung in die Tiefe schaut, wundert man sich über den plötzlichen Höhenunterschied, der gar nicht ins Neuköllner Stadtbild passt. Man blickt hinunter in eine herrschaftliche Gartenanlage, quasi vom Dach einer Orangerie. Eine stattliche Galerie von Türen, die unwillkürlich an Versailles erinnert. Der Körnerpark wirkt wie die Miniatur eines Schlossparks mit seiner klaren geometrischen Struktur, seiner schmuckvollen Architektur im Barockstil, seinen Freitreppen, Figuren, Wasserspielen und steinernen Balustraden. Majestätische Bäume säumen die schnurgeraden Wege rund um das zentrale Rasenviereck. Im Sommer nutzen die Neuköllner die sonnige Freifläche zum Dösen, Lesen und Federballspielen, obwohl sie offiziell nicht betreten werden darf. Die Schilder stören niemanden.

Auf dem großen Vorplatz der Orangerie nippen Parkbesucher an der hausgemachten Zitronenlimonade, die sie im „Zitronencafé" in der Ecke geholt haben. Nur die Namen erinnern an die frühere Bestimmung des eleganten Gebäudes, das auch eine kleine Galerie beherbergt. Kaum einer weiß, wem Neukölln diesen idyllischen Park zu verdanken hat; an den aufschlussreichen Schwarz-Weiß-Fotos im Eingang des Cafés geht fast jeder blicklos vorbei.

 TIPP Sonntagskonzerte in den Sommermonaten.

Der Körnerpark ist das Geschenk eines Rixdorfer Unternehmers, der an dieser Stelle eine Kiesgrube besaß. Kiesgruben waren in der Gründerzeit reinste Goldgruben, da Kies, Sand und Schotter für den boomenden Straßenbau benötigt wurden. 1910 übergab Franz Körner die ausgebeutete Grube der Stadt, mit dem Wunsch, hier einen Park anzulegen, der seinen Namen trug. Er war selbst ein begeisterter Hobbygärtner und für seine Züchtungen vielfach ausgezeichnet. Seine Leidenschaft lebt im Körnerpark weiter, auch wenn die Besucher eher an Vogelfutter statt an den menschen- und pflanzenfreundlichen Spender denken.

●●

Körnerpark, Schierker Straße 8, 12051 Berlin-Neukölln, Tel. (0 30) 56 82 39 39
www.koernerpark.de
ÖPNV: Bus 377, N79, Haltestelle Emser Straße, U8, S41, S42, S46, S47,
Haltestelle S+U Hermannstraße

Currywurst – Berliner Original

 Der Imbiss Hasenecke am Savignyplatz

Die „Hasenecke", eine der schönsten Berliner Currywurst-Buden, steht am Savignyplatz, einem der populärsten Berliner Plätze – welch' glückliches Zusammentreffen. Man sieht es sofort, wenn man auf der Kantstraße daran vorbeifährt: das ovale Häuschen mit dem kegelförmigen Kupferdach und der großen Bahnhofsuhr auf dem Dach. Der Betreiber heißt Bernd Hasenecker und er war Namensgeber für den charmanten Imbiss – also nicht die Gras mümmelnden Häschen auf der Wiese. „Original Berliner Currywurst" steht auf der Markise. Die Wurst ist Kult, besonders in Berlin, denn das Rezept soll aus Charlottenburg stammen, auch wenn Uwe Timm mit seiner Novelle „Die Entdeckung der Currywurst" eine Hamburgerin in den Ring schob. Die Berliner sind überzeugt, dass Herta Heuwer die Erste war. Sie verkaufte schon 1949 Currywürste an der Kantstraße und ließ sich zehn Jahre später die Wort-Bild-Marke „Chillup" (aus Chili und Ketchup) schützen. Das zählt und wird im „Deutschen Currywurst Museum" in Mitte mit Stolz präsentiert. Ja, Sie haben richtig gelesen: In diesem Museum geht's um die Wurst. Nur für eingefleischte Liebhaber!

TIPP Terzo Mondo, griechisches Restaurant mit viel Herz und Gitarrenmusik am Wochenende, Grolmannstraße 28.

In der „Hasenecke" ist das Essen beileibe nicht alles; man erfreut sich an der schönen Umgebung und am nostalgischen Pavillon, der in den 80ern nach den ursprünglichen Plänen neu errichtet wurde. Das Original wurde bereits 1904 eröffnet, als Getränke- und Zeitungskiosk mit Fernsprecher, ein Entwurf des Schweden Alfred Grenander, damals einer der bekanntesten Architekten der Stadt. Mit diesem Wissen schmeckt die Currywurst am Savignyplatz noch mal so gut, ohne schmeckt sie „wie bei Muttern". Hinter der Theke stehen überwiegend Frauen, die sind freundlicher und warmherziger – findet Imbissbesitzer Bernd Hasenecker. Wer wollte da widersprechen. Wo die „Hasenecke" im kulinarischen Ranking landet, ist strittig. „Curry 36" am Mehringdamm und „Konnopke's Imbiss" in der Schönhauser Allee 44B sind harte Wettbewerber. Aber keiner von beiden hat so einen herrlichen Rasen hinter dem Haus wie die „Hasenecke".

 Hasenecke, Savignyplatz 11, 10623 Berlin-Charlottenburg, Tel. (0 30) 39 50 08 09
 ÖPNV: Bus M49, Haltestelle Savignyplatz, U1, Haltestelle U Uhlandstraße

Tolle Tüten

71 Die Eispatisserie Hokey Pokey

Es ist nicht besonders warm an diesem Mittwoch Ende September, aber an der Hausmauer von „Hokey Pokey" ist kein Platz mehr frei. Dieses köstliche Eis geht immer, auch an verregneten Herbsttagen. Niko Robert, Eispatissier mit Hingabe und Erfahrung (unter anderem im renommierten Berliner Hotel Ritz-Carlton), hat nicht mit mangelnder Nachfrage zu kämpfen. Eher mit dem Gegenteil. Beim Ordnungsamt gingen Beschwerden der Nachbarn ein: Die Wartenden blockierten die Bürgersteige, es sei ja kein Durchkommen, Ein- und Ausgänge seien verstellt. Am Prenzlauer Berg liebt man seine gepflegte Ruhe, da fällt ein Menschenpulk auf, auch wenn er gut gelaunt und voller Vorfreude ist. Plötzlich war „Hokey Pokey" Tagesgespräch und Thema in der Berliner Presse. Niko Robert nahm eine dreitägige Auszeit und sann auf Abhilfe. Die einfachste Lösung schien: teurer werden; dann kommen automatisch weniger Leute. Gedacht, getan. Er erhöhte die Preise um 30 Prozent. Aber nichts passierte. Die Schlangen vor der Eisdiele wurden nicht kürzer. Jetzt kamen noch die Neugierigen hinzu, die die Zeitungsartikel gelesen hatten – und nun selbst feststellten, dass das Eis hier einfach fantastisch ist.

Bestseller ist die Sorte „Hokey Pokey". Der Name hört sich an wie die Figur aus einem Kinderbuch, eine Mischung aus Huckleberry Finn und Pipi Langstrumpf, pfiffig und abenteuerlustig. Ein bisschen Hokuspokus steckt auch darin – und das passt ja zur Eistüte, besonders, wenn im sahnigen Vanilleeis noch knusprige Karamellstückchen sitzen; das nämlich ist das Besondere an der Eissorte „Hokey Pokey". Erfunden haben es die Neuseeländer und dort ist es schon seit Jahrzehnten das Lieblingseis. Niko Robert hält noch viele andere Eisversuchungen bereit: Walnuss-Feige, Blaubeer-Baiser, Zimt-Zitrone oder „Rocky Road", eine himmlische Mischung mit Schokolade, Marshmallows und karamelisierten Pekan- und Paranüssen. Oder man nimmt eine Portion „Hokey Pokey" und die Marshmallows als Krönung oben drauf. Wie im Schlaraffenland!

....

▶ Hokey Pokey, Stargarder Straße 73, 10437 Berlin-Prenzlauer Berg, Tel. (01 76) 80 10 30 80
www.hokey-pokey.de
▶ ÖPNV: U2, S2, S8, S41, S42, S85, Tram M1, Bus N2, Haltestelle S+U Schönhauser Allee

Mensa für alle

72 *Die Fünf-Sterne-Kantine Mensa HU Nord*

Die „Mensa HU Nord" ist die Luxusausgabe einer Hochschulkantine. Schon das Foyer mit seinen Glasfronten und Designelementen ist schick und einladend. Modern und großzügig ist auch die Essensausgabe. Hohe Kochmützen wachen über die Selbstbedienungstheken und besagen: alles frisch gekocht und zubereitet. Die Auswahl ist groß, von der gut sortierten Salattheke bis zum hausgebackenen Kuchen mit Obstsalat. Natürlich ist der Speiseplan per App abrufbar; zu jedem Gericht werden Allergene, Inhalts- und Zusatzstoffe benannt. Die „Charité" ist in der Nachbarschaft; genau genommen befindet man sich am Buffet der „Mensa HU Nord" in der ehemaligen Wäscherei des ältesten und berühmtesten Krankenhauses Berlins. In den 1886 erbauten Waschsälen wird heute das Essen ausgegeben. Das passt, denn Gesundheit und Hygiene spielen hier die gleiche Rolle. Weiße Fliesen, gusseiserne Stützen und das preußische Kappengewölbe sind vom einstigen Waschhaus übrig geblieben. Speisesaal und Küche wurden neu erbaut.

Wer im Foyer die Texte auf dem Treppenabgang ins Untergeschoss liest, stellt amüsiert fest, wie sich die Preise seit damals erhöht haben. Die Suppe kostete um 1900 nur 10 Pfennig und das ganze Menü „im Abonnement" gerade mal 50 Pfennig. Für „Antipasti" oder die „Rohkostschüssel mit Hirtenkäse" muss man inzwischen zwar fast das Zehnfache ausgeben, aber im Vergleich speist man damit immer noch ausgesprochen günstig.

Der riesige Speiseraum ist modern, ganz ohne Historie, dafür ist der Außenbereich umso schöner. Eine Mischung aus Biergarten und Terrassen-Café, mit mehreren Sitzgruppen, großen Grünflächen und Bäumen. In der Mensa HU Nord lässt sich das Studentenleben in vollen Zügen genießen, ohne Leistungsdruck und Prüfungsangst – und ohne Studentenausweis. Man muss nicht „eingeschrieben" sein, um hier zu essen oder einen Kaffee zu trinken. Die Mensakarte kann jeder kaufen und am Automaten im Foyer nach Bedarf aufladen. Die „Charité" (übersetzt „Barmherzigkeit") hatte schon immer ein Herz für alle.

Mensa HU Nord, Hannoversche Straße 7, 10115 Berlin-Mitte
www.imensa.de/berlin/mensa-nord
ÖPNV: U6, Haltestelle U Oranienburger Tor, Bus 142, Haltestelle Philippstraße

150

Das Glück der Unruhe

 73 *Die Schaubühne, eine Instanz im Westen*

„Man geduldet sich gern, so lang es Wein gibt." Das Zitat aus dem Brecht-Stück „Der gute Mensch von Sezuan" ist einer der Sätze, die einem Weiß auf Schwarz ins Auge springen könnten, wenn man das Foyer der Schaubühne betritt oder auf der Webseite des Schauspielhauses surft. Vielleicht auch dieser: „Mein Körper ist ein Kompromiss" aus „Love hurts in tinder times" von Patrick Wengenroth. Eindringliche Botschaften sind die Sache der Schaubühne, die sich schon früh als innovatives, sozial und politisch engagiertes Theater einen Namen gemacht hat. Starke Aussagen prangen auch auf der Theaterfassade, die wie ein einladendes Plakat wirbt. Das lebendige Äußere verdankt die Schaubühne den populären Vornutzern des markanten Gebäudes. Der kreisrunde Bau wurde als größtes Kino Berlins eröffnet, war später Tanzlokal und Musicaltheater. Lebenslust statt Langeweile. Das gilt noch immer, nur in anderem Kontext.

Seit 1981 residiert die Schaubühne am Kurfürstendamm. Gegründet 1962, wurde sie in den 70er-Jahren unter Peter Stein zum lebenden Mythos. Dann Umzug, Unruhe und Umschwung. Neue Regisseure, neue Themen, neue Techniken. Die Schaubühne versteht sich als Theaterlabor. Sie experimentiert mit allen Möglichkeiten der szenischen Darstellung, Musik, Tanz und Videoprojektion sowie einer ungeheuren Vielfalt an Regiehandschriften. Sie liebt den offenen Diskurs, erzählt Geschichten, provoziert und streitet, gestaltet fesselnde Bilder und Räume für renommierte Klassiker und unbekannte Newcomer. Im Repertoire sind alte und junge Stücke der Weltliteratur, von Büchner, Camus, Shakespeare und Ibsen bis Thomas Bernhard, Christa Wolf und Yasmina Reza. Und immer wieder Neues und Noch-nie-Gesehenes. Texte, die uns berühren und nachdenklich machen, weil es oft um das zerbrechliche, verpasste oder unerreichbare Glück im Leben geht. Ein Glücksort ist die Schaubühne trotzdem. Oder gerade deswegen.

TIPP Café Schaubühne: Kantine fürs Ensemble und Treffpunkt für Theaterbesucher.

🔵 Schaubühne, Kurfürstendamm 153, 10709 Berlin-Wilmersdorf, Tel. (0 30) 89 00 23
www.schaubuehne.de
🔵 ÖPNV: Bus M19, M29, N10, Haltestelle Lehniner Platz/Schaubühne, U7, Bus 109, 110, M19, M29, Haltestelle U Adenauerplatz

SCHAU

Heiter, glückli
os.*

*aus: »Professor Bernhardi«

»Professor Bernhardi«
von Arthur Schnitzler
Regie: Thomas Ostermeier
Ab 17. Dezember 2016

»Der eingebildete Kranke«
von Molière
Regie: Michael Thalheimer
Ab 18. Januar 2017

Weltklasse im Hinterhaus

 74 *Fotokunst in der Galerie Camera Work*

In einem Charlottenburger Hinterhof liegt eine der bekanntesten Fotogalerien der Welt. Von der verkehrsreichen Kantstraße gelangt man durch einen unscheinbaren Torbogen zu diesem versteckten Hort der Kunst. Man klingelt, um eingelassen zu werden, und plötzlich steht man in einem stillen Innenhof. Gartenkies, riesige Bäume vor einer hohen Fassade mit großen Atelierfenstern. Hinter der Eingangstür sitzt ein Galerist am Schreibtisch. An den Wänden Schwarz-Weiß-Fotografien von Fotografenlegenden wie Man Ray, Diane Arbus oder Richard Avedon. Jeder Besucher wird persönlich begrüßt; kein Eintritt und keine Warteschlange. Oft ist man allein mit der großen Kunst. Zwei Etagen, hohe Decken, wechselnde Ausstellungen. Viel Platz für jedes Werk, wie in einem guten Museum. Mit dem kleinen Unterschied, dass man hier kaufen kann. Die Preise sind hoch, wie die Qualität der Bilder. Oft fünfstellig. Aber man darf ja auch nur schauen und bewundern.

Der Name „Camera Work" geht auf ein legendäres Magazin für Fotografie zurück, das erstmals 1903 in NY erschien. Der amerikanische Fotograf und Galerist Alfred Stieglitz präsentierte darin die Werke innovativer Fotokünstler. Original- bzw. Vintagearbeiten weltberühmter Fotografen sind im Besitz der Camera Work AG, zu der zwei Berliner Galerien gehören: Camera Work in der Kantstraße und CWC Gallery in der Auguststraße. Die internationale „Fotokunst AG" verfügt über eine der größten Fotosammlungen der Welt und öffnet die Türen zu herausragenden Vertretern dieser noch relativ jungen Kunstgattung. Kaum einer, der sich nicht von Ausdruck und Ästhetik der Ausnahmefotografien überwältigen lässt. Wie mit der Kamera gemalt: die Schwarz-Weiß-Fotos von Lillian Bassman, die die Modefotografie revolutionierte. Plakativ und packend: die Porträts von David Bowie aus der Hand von Brian Duffy. Zwei Beispiele von vielen. Ob man den Fotografen kennt oder nicht, spielt keine Rolle. Ein Spaziergang durch die Räume von „Camera Work" ist immer ein fesselndes Erlebnis.

 TIPP Fast rund um die Uhr geöffnet: Künstlerkneipe „Zwiebelfisch", Savignyplatz 7–8.

● Camera Work, Kantstraße 149, 10623 Berlin-Charlottenburg, Tel. (0 30) 3 10 07 73
www.camerawork.de
● ÖPNV: U1, Bus 109, 110, M19, M29, Haltestelle U Uhlandstraße

Asiatisches Picknick

75 *Thai Food im Preußenpark*

In Berlin hat jeder Kiez seinen eigenen Stadtpark und es muss schon einen besonderen Grund haben, wenn sich der Kreuzberger am Sonntagmittag in die U-Bahn oder das Auto setzt, um nach Wilmersdorf ins Grüne zu fahren. Ja, den hat es! Am Sonntagmittag verwandelt sich der Preußenpark in einen Thai-Garten und die große Liegefläche in eine kulinarische Spielwiese. Wer am Fehrbelliner Platz aus der U-Bahn steigt, sieht zuerst den großen Flohmarkt, der an jedem Wochenende hier stattfindet. Dahinter liegt das Parkcafé, das mit seinem blau-weißen Eingang an einen bayrischen Biergarten erinnert. Dann lichten sich die Bäume und man steht vor einer weiten Rasenfläche, die sich ab Mittag mit leuchtend bunten Sonnenschirmen, Picknickdecken, Hockern, Töpfen, Schalen und Menschen füllt. Je schöner das Wetter, umso mehr Leben auf der Rasenfläche.

Dabei hatte es ganz klein begonnen. Ein paar thailändische Mütter trafen sich zum Picknick im Park, mit Kindern und Kochgeschirr. Man grillte für Familie und Freunde, während die Kleinen auf der Wiese tollten. Ein entspanntes Vergnügen, das sich unter den Nachbarn schnell herumsprach. Jedes Wochenende kamen ein paar Neugierige hinzu und es dauerte nicht lange, bis auch die deutschstämmigen Wilmersdorfer vom Duft der Wan Tans und Dim Sums angezogen wurden. Aus privaten Picknickplätzen wurden kleine asiatische Garküchen. Inzwischen ist das improvisierte asiatische Freiluftkochen zum Ritual geworden, das Berliner aus vielen Stadtvierteln anlockt. Ob es dabei bleibt, ist jedoch nicht gewiss, denn das Ordnungsamt hat die mobilen Händler ins Visier genommen. Der „Food Market" soll stärker kontrolliert und verkleinert werden. Nehmen lassen werden sich die Berliner das exotische Vergnügen aber kaum, denn Frühlingsrollen, Pad Thai, Satay-Spieße und Mandu Veggies sind inzwischen bei vielen genau so beliebt wie der Berliner Sonntagsbrunch mit Croissant, Rührei und Lachs. Wir sind gespannt, wie sich preußische Ordnungsliebe und asiatische Kochkultur verbinden werden.

• •

Preußenpark, Brandenburgische Straße, 10707 Berlin-Wilmersdorf
ÖPNV: U3, U7, Bus 101, 104, 115, N3, N42, N7, Haltestelle U Fehrbelliner Platz

Idylle im Tiergarten

 76 *Das Café am Neuen See und der Englische Garten*

Sacht tauchen die Ruder ins Wasser und Boote gleiten über die glatte, spiegelnde Oberfläche unter den hohen Bäumen hindurch. Still und verträumt ist es auf dem See, nur auf den Bänken am Ufer summt es wie ein Bienenschwarm, dort, wo der Bootsverleih seinen Hafen hat. Denn direkt daneben, am Rand des Wassers, stehen die langen Holztische des „Cafés am Neuen See" unter mächtigen Baumkronen. Wer sagt denn, dass Bayern die schönsten Biergärten hat?! Das „Café am Neuen See" im Berliner Tiergarten hält spielend mit: ein traumhafter, lauschiger Biergarten – kein Café. Der Name täuscht. Zum frisch gezapften Bier gibt es Pizza aus dem Steinofen und andere italienische Spezialitäten; Unterschied muss sein. Dafür ist die Kulisse genauso malerisch und die Atmosphäre mindestens so entspannt und kosmopolitisch wie an der Isar. An Sommertagen ist Hochbetrieb, auch im großen Sandkasten. Fest steht: Wer in die Riemen greifen und die Liebste(n) romantisch entführen möchte, ist am Neuen See richtig. Ein idyllischer Ort, um Boot zu fahren und im Grün zu entschwinden. Aber man genießt es auch, einfach den anderen dabei zuzuschauen.

TIPP *Von der Aussichtsplattform der Siegessäule die großen Sichtachsen bewundern.*

In den Wintermonaten sitzt man drinnen gemütlich am lodernden Kaminfeuer. Oder man beweist sich beim Eisstockschießen, gestärkt mit Glühwein oder heißer Schokolade. Da könnte auch der Münchner neidisch werden! Apropos München: Einen „Englischen Garten" gibt es auch in Berlin, mitten im Großen Tiergarten, nur etwa 800 Meter Fußweg vom „Café am Neuen See" entfernt. Man wandert zum Großen Stern, dem Kreisverkehr mit der Siegessäule, und überquert die (Pracht-)Straße des 17. Juni, die den Tiergarten in der Mitte teilt und kerzengerade zum Brandenburger Tor führt – schon ist man dort. Im Englischen Garten von Berlin liegt ein reetgedecktes „Teehaus", das in Wahrheit auch ein Biergarten ist. Vor der großen Terrasse finden im Sommer Konzerte statt, Jazz, Pop, Funk, Hiphop – die ganze Palette. Jeder ist willkommen, denn die Plätze auf dem englischen Rasen sind nicht begrenzt.

○ Café am Neuen See (Bootsverleih von Frühjahr bis Spätherbst), Lichtensteinallee 2, 10787 Berlin-Tiergarten, Tel. (0 30) 2 54 49 30
www.cafeamneuensee.de
○ ÖPNV: S3, S5, S7, S9, Haltestelle S Tiergarten, Bus 100, 106, 187, Haltestelle Großer Stern

Die reinste Magie

 77 *Maskentheater der Familie Flöz*

Es ist faszinierend, wenn eine Maske zum Leben erwacht. Wie sie schmunzelt und seufzt, lacht und trauert, ohne auch nur eine Augenbraue zu verziehen. Sie ist ja aus Gips. Die magische Verwandlung vollzieht sich vor den Augen der Zuschauer; man meint förmlich zu sehen, wie sich die Maskengesichter bewegen, so deutlich ist jede Gefühlsregung der Figuren spürbar. Die physikalischen Gesetze scheinen außer Kraft gesetzt, wenn die Familie Flöz auf der Bühne agiert. Was das Herz fühlt, kann der Kopf kaum fassen. Die subtile Körpersprache der Darsteller erzeugt diese eindringliche Illusion. Ohne ein einziges Wort. Nur ein Drehen oder Neigen des Kopfes, ein paar Schritte, eine kleine Bewegung. Hinter den großen Köpfen stecken keine klassischen Schauspieler, sondern Artisten. Es braucht keine Sprechstimme, sondern Körperbeherrschung und manchmal akrobatische Gelenkigkeit, um die Masken zu beseelen. Erzählt werden poetische Geschichten von berührender Intensität. Immer geht es um Gefühle, um Sehnsüchte, Erfolge und Misserfolge. „Infinita" ist eine einfühlsame Parabel über die Herausforderungen und den Kreislauf des Lebens, vom Kleinkind im Ställchen bis zum Alter im Rollstuhl. Im „Hotel Paradiso" geht es um das Kompetenzgerangel in einem Familienbetrieb, um Hochgefühle und Tiefschläge, es wird geliebt und gemordet. „Teatro Delusio" nimmt die Ambitionen und Träume von drei Bühnenarbeitern aufs Korn. Alle Stücke sind komödiantisch und melancholisch zugleich. Die Charaktere erkennt man bereits an den Masken, Persönlichkeit gewinnen sie durch die Choreografie. Jede einzelne Szene ist eine kunstvolle Miniatur, geistreich und großartig.

TIPP · Wort-Artisten mit Witz und Tiefgang im Kabarett-Theater „Die Wühlmäuse", Pommernallee 2–4.

Das von Hajo Schüler und Michael Vogel gegründete Künstlerkollektiv hat sein Studio in Berlin, in dem es probt und Workshops veranstaltet, aber keine feste Spielstätte. Es zeigt seine Kunst auf wechselnden Bühnen, bereits in 32 Ländern der Welt, denn Sprachbarrieren gibt es ja nicht. Das wortlose Spiel zieht alle in seinen Bann.

⏵ Studio Flöz, Lehderstraße 39–41, 13086 Berlin-Weißensee
www.floez.net

Schlichte Klasse

78 *Im Szene-Restaurant Fleischerei*

„Fleischerei" steht in Neonschrift an der weißgefliesten Fassade und manch einer wird an dieser glatten, glänzenden Wand vorbeigehen, ohne genauer hinzusehen. Weil er keinen Metzger sucht und das Restaurant nicht kennt. Denn wer es nicht kennt, würde hier vermutlich keines erwarten, nicht hinter dieser Überschrift und nicht an dieser Stelle. Durch diesen Abschnitt der Schönhauser Allee geht man ohnehin nur, wenn man um die Ecke wohnt oder zufällig einen Freund besucht. Die Straße ist breit und verkehrsreich, keine typische Einkaufsmeile oder gemütliche Kneipengegend. Wer von der „Fleischerei" gehört hat und stehen bleibt, um durch die großen Fenster einen Blick ins Innere zu werfen, sieht einen schlichten, gelb gekachelten Raum mit langer Theke und langen Holztischen und -bänken. Schiefertafeln an den Wänden. Im Hintergrund Blick in die offene Küche. Zwei herrliche Kronleuchter als einziger Schmuck. Wenn man mittags zu spät kommt, also nach 15 Uhr, ist gähnende Leere, der Mittagstisch vorüber und höchstens die hübsche Barfrau steht noch hinter der Theke, mit Fleischerschürze und strahlendem Lächeln: „Die Küche hat zu. Wir öffnen wieder um 18 Uhr. Besser, Sie reservieren."

TIPP Restaurant „Gärtnerei", Torstraße 179; Hotspot für Lifestyle-Veganer und Bio-Gourmets.

Am Abend kommt man wieder, ziemlich spät, weil nach dem Theater, und plötzlich ist alles verwandelt, lebhaft und anregend. Jeder Platz ist besetzt, der ganze Raum brodelt von Menschen, Stimmung und Atmosphäre. Gute Musik und gutes Publikum, mehr Szene als gutbürgerlich. Gehobene Gastronomie, das erkennt man sofort. Natürlich gibt es in den Räumen einer ehemaligen Fleischerei ausgezeichnete Fleischgerichte, zum Beispiel Rumpsteak und Filet von der Simmentaler Färse, Kotelett vom Havelländer Apfelschwein oder Paderborner Freilandhuhn. Vegetarier nehmen Blumenkohl mit Erdnüssen und Trüffelvinaigrette. Beim Studium der Weinkarte wähnt man sich in Österreich: Veltliner, Zweigelt und Blaufränkisch in großer Auswahl. Man denkt an Berge, Seen, Almwiesen und glückliche Kühe – und freut sich auf das Filetsteak.

▶ **Fleischerei, Schönhauser Allee 8, 10119 Berlin-Prenzlauer Berg, Tel. (0 30) 50 18 21 17**
www.fleischerei-berlin.com
▶ **ÖPNV: U2, Tram M8, Bus 142, N2, Haltestelle U Rosa-Luxemburg-Platz**

Es leuchtet im Verborgenen

79 *Brücke-Museum & Kunsthaus Dahlem*

Sie liegen direkt nebeneinander am Rande des Grunewalds, zwei Häuser, in denen wir Menschen begegnen, die die Kunstwelt bewegt und verändert haben. Man fühlt sich mitten im Wald, denn man steht auf einer Lichtung, an der die Straße endet. Hier geht es nicht weiter, man ist am Ziel. Schon der Ort verdeutlicht, was den Künstlern wichtig war: die Verbundenheit von Mensch, Natur und Kunst. Karl Schmidt-Rottluff hat den Bauplatz mit ausgesucht und die Errichtung des Brücke-Museums – sein eigenes und das seiner Künstlerfreunde – begleitet und unterstützt. In dem stillen Waldstück ist man dem Lärm der Stadt entrückt. In fast privater Atmosphäre lassen sich die Werke der Brücke-Künstler betrachten – in einem weißen Bungalow, nicht größer als ein normales Wohnhaus. Vier Räume gruppieren sich um einen Innenhof; auch ein gemütlicher Rundgang dauert kaum länger als eine Stunde. Doch der Fundus ist riesig. Kein anderes Museum der Welt besitzt mehr Werke des Brücke-Expressionismus. Vor allem Karl Schmitt-Rottluff und Erich Heckel haben das Museum mit reichen Schenkungen und Stiftungen bedacht und aus der Taufe gehoben. Sie gehörten zu der Gruppe Dresdner Architekturstudenten, die Form und Farbe revolutionierten, auf der Suche nach einer aus dem Innersten geborenen, emotionalen Bildsprache. Ein Aufstand gegen die tradierten Regeln der Akademie. Auch Ernst Ludwig Kirchner, Fritz Bleyl, Emil Nolde, Max Pechstein und Otto Mueller waren Teil der „Brücke".

TIPP Halbstündiger Waldspaziergang zum Jagdschloss Grunewald am Grunewaldsee.

Geradezu anfassbar wird die Einheit von Kunst und Natur im benachbarten Kunsthaus Dahlem. Große Skulpturen liegen und stehen auf dem Waldboden zwischen den Stämmen, wie hingeworfen und der Erosion überlassen. Im Unterschied zum Brücke Museum ist der Kunstraum riesig. Er war im Dritten Reich als Atelier für Arno Breker errichtet worden, der für die Monumentalbauten Albert Speers die Skulpturen schuf. Jetzt hat die Vielfalt der Nachkriegsmoderne den Raum erobert. Ein Glück für die Bildhauer – und die Menschheit.

Brücke-Museum, Bussardsteig 9, 14195 Berlin-Dahlem, Tel. (0 30) 8 31 20 29
www.bruecke-museum.de
Kunsthaus Dahlem, Käuzchensteig 8, 14195 Berlin, Tel. (0 30) 83 22 72 58
www.kunsthaus-dahlem.de
ÖPNV: Bus 115, Haltestelle Pücklerstraße

Das Glück auf dem Lande

80 *In der Gartenstadt Falkenberg*

Sie gehört zu den Weltkulturerbestätten der UNESCO: die „Gartenstadt Falkenberg", von den Berlinern „Tuschkastensiedlung" getauft, nach den regelmäßigen Farbrechtecken der Fassaden. Im Vergleich zu den kunterbunten Häusern von „La Boca", dem bekanntesten Postkartenmotiv von Buenos Aires, sind die überwiegend orangeroten Fassaden der Berliner Gartenstadt eigentlich sehr dezent koloriert und wenig außergewöhnlich. Doch nur aus heutiger Sicht, denn 1912, in ihrer Entstehungszeit, war diese Farbgebung eine Sensation. Damals bestimmte das Baumaterial die Hausfarbe; Balkone, Balustraden und Reliefs sorgten für den repräsentativen Look der Bürgerhäuser. Ein bunter Anstrich war verpönt. Das 1919 gegründete Bauhaus setzte schließlich ganz auf klares, funktionales Weiß, in den 30er-Jahren kamen Grautöne in Mode. Die warmen Mittelmeerfarben, in denen heute auch in Deutschland viele Häuser leuchten, waren im städtischen Berlin des beginnenden 20. Jahrhunderts unüblich.

In diesem Umfeld entwarf Bruno Taut seine Gartenstadt, ein geradezu visionäres Projekt. Man hatte ihn mit der Gestaltung einer Arbeitersiedlung in den Außenbezirken von Groß-Berlin beauftragt, denn im Zuge der Industrialisierung war die Bevölkerung der Hauptstadt explodiert. In der Innenstadt fehlte der Wohnraum, am Stadtrand drängten sich hässliche Mietskasernen. Inspiriert von der Gestaltung englischer Landhäuser konzipierte Bruno Taut ein idyllisches „Villenviertel für Arbeiter": winzige eineinhalb- und zweigeschossige Reihenhäuschen mit nur 39 Quadratmetern Wohnfläche. Glatte Fassaden mit Tür und Fenster wie in einer Kinderzeichnung, einfach und schmucklos, aber mit Farbe an der Hauswand. Zu jedem Haus gehört ein großer Garten, denn die Bewohner sollten sich Gemüse und Obst selbst anbauen können. Eine Revolution! Heute wirken die pittoresken Häuschen wie die idyllische Wochenendzuflucht einer urbanen Leistungsgesellschaft. Man könnte sagen: Bruno Taut hat in Berlin das „Glück auf dem Lande" erfunden.

⊙ **Gartenstadt Falkenberg, 12524 Berlin-Bohnsdorf**
⊙ **ÖPNV: Bus 163, Haltestelle Gartenstadtweg**

Bibliografische Informationen der Deutschen Nationalbibliothek
Die Deutsche Nationalbibliothek verzeichnet diese Publikation in der Deutschen Nationalbibliografie;
detaillierte bibliografische Daten sind im Internet über http://dnb.d-nb.de abrufbar.

© 2018 Droste Verlag GmbH, Düsseldorf
Konzeption/Satz: Droste Verlag, Düsseldorf
Einbandgestaltung und Illustrationen: Britta Rungwerth, Düsseldorf unter Verwendung von Bildern von
© Fotolia.com: jd – photodesign.de; © iStock: Plociennik Robert
Fotos: Ute Liesenfeld, außer:
S. 51: Strandbar Mitte © visitBerlin, Foto: visumate; S. 69: © Wolfgang Chodan; S. 83: © Berliner Bäder-Betriebe /
Stadtbad Neukölln; S. 121: © Peter Adamik; S. 127: © Richard Eisenach; S. 133: © Andreas Murkudis;
S. 135: © Steffen Roth; S. 139: © 2017 Premium Entertainment GmbH | Astor Film Lounge; S. 153: © Gianmarco
Bresadola; S. 161: © Marianne Menke
Druck und Bindung: Gutenberg Beuys Feindruckerei GmbH, Langenhagen
ISBN 978-3-7700-2082-9

www.drosteverlag.de